基于英汉语言文化对比的翻译探索

冯莹莹◎著

吉林大学出版社

·长春·

图书在版编目（ＣＩＰ）数据

基于英汉语言文化对比的翻译探索 / 冯莹莹著 . --
长春 : 吉林大学出版社 , 2024.2
ISBN 978-7-5768-2729-3

Ⅰ . ①基… Ⅱ . ①冯… Ⅲ . ①对比语言学—英语、汉
语②英语—翻译—研究 Ⅳ . ① H31 ② H1

中国国家版本馆 CIP 数据核字 (2023) 第 237915 号

书　　名　基于英汉语言文化对比的翻译探索
　　　　　　JIYU YING-HAN YUYAN WENHUA DUIBI DE FANYI TANSUO
作　　者　冯莹莹　著
策划编辑　殷丽爽
责任编辑　殷丽爽
责任校对　安　萌
装帧设计　守正文化
出版发行　吉林大学出版社
社　　址　长春市人民大街 4059 号
邮政编码　130021
发行电话　0431-89580036/58
网　　址　http:// www. jlup. com. cn
电子邮箱　jldxcbs@ sina. com
印　　刷　天津和萱印刷有限公司
开　　本　787mm×1092mm　1/16
印　　张　12
字　　数　200 千字
版　　次　2024 年 8 月　第 1 版
印　　次　2024 年 8 月　第 1 次
书　　号　ISBN 978-7-5768-2729-3
定　　价　72.00 元

在全球化时代，跨文化交流和翻译需求日益增多。英汉语言文化对比研究提供了翻译者应对多样化需求的工具和方法。通过深入探索英汉两种语言的差异和共性，翻译者可以灵活地运用各种翻译策略和技巧，以满足不同领域、不同类型的翻译需求，而研究英汉语言文化对比可以帮助翻译者更加高效地进行翻译工作。了解两种语言的特点和差异，翻译者可以更快速地找到适当的翻译方案，并减少不必要的试错过程，有助于提高翻译效率，节省时间和资源。

英汉语言文化对比研究有助于翻译者更好地理解不同文化的差异。翻译不仅仅是语言之间的转换，还涉及背后的文化内涵和价值观念。通过对比研究，翻译者能够更好地把握原文所蕴含的文化信息，从而在翻译过程中更好地处理文化差异，确保译文更加贴合目标读者的文化背景。通过对比研究，翻译者能够更好地传递信息，确保译文在不同文化背景下的准确性和流畅性，促进英汉两个语言社群之间的有效交流。

英汉语言文化对比研究为翻译理论的发展提供了实践和借鉴。通过对两种语言的对比研究，可以发现翻译中存在的共性问题和特殊挑战，并为这些问题提供理论上的解决方案，同时推动了翻译理论的不断创新和进步，使其更符合实际需求；可以深入探索两种语言之间的语言结构、语义关系、核心价值观念等方面的异同，有助于增进语言学对英汉语言的认识，探索语言变化与文化变迁之间的关系，并为其他相关领域的研究提供基础和参考。

本书共分为五章。第一章为中西文化对比和汉英语言对比，包括中西哲学对比研究、中西思维对比研究、汉英语言对比研究；第二章主要阐述英汉翻译和文化交融，包括语言、文化与翻译关系辨析，文化差异下的英汉翻译问题，不同文化背景下的翻译，高校英语教学中的文化导入；第三章的主题是跨文化视角下的翻译研究，包括跨文化交际与翻译、基于跨文化意识的翻译教学、中外文化翻译教学；第四章为英汉语法文化对比翻译，包括英汉词语文化对比翻译、英汉句法文化对比翻译、英汉语篇文化对比翻译、英汉语用文化对比翻译；第五章阐述英汉修辞与典故文化对比翻译，包括英汉修辞文化对比翻译、英汉典故文化对比翻译。

在撰写本书的过程中，作者得到了许多专家学者的帮助和指导，参考了大量的学术文献，在此表示真诚的感谢。由于作者水平有限，书中难免会有疏漏之处，希望广大同行及时指正。

冯莹莹

2023 年 5 月

目　录

第一章　中西文化对比和汉英语言对比…………………………………… 1

第一节　中西哲学对比研究………………………………………… 1

第二节　中西思维对比研究………………………………………… 4

第三节　汉英语言对比研究………………………………………… 28

第二章　英汉翻译和文化交融…………………………………………… 33

第一节　语言、文化与翻译关系辨析……………………………… 33

第二节　文化差异下的英汉翻译问题……………………………… 62

第三节　不同文化背景下的翻译…………………………………… 64

第四节　高校英语教学中的文化导入……………………………… 68

第三章　跨文化视角下的翻译研究……………………………………… 71

第一节　跨文化交际与翻译………………………………………… 71

第二节　基于跨文化意识的翻译教学……………………………… 83

第三节　中外文化翻译教学………………………………………… 89

第四章　英汉语法文化对比翻译………………………………………… 98

第一节　英汉词语文化对比翻译…………………………………… 98

第二节　英汉句法文化对比翻译…………………………………… 101

第三节　英汉语篇文化对比翻译…………………………………… 116

第四节　英汉语用文化对比翻译…………………………………… 129

第五章 英汉修辞与典故文化对比翻译 ··· 154

第一节 英汉修辞文化对比翻译 ·· 154

第二节 英汉典故文化对比翻译 ·· 171

参考文献 ··· 183

第一章 中西文化对比和汉英语言对比

要理解语言之间的差异，首先要从不同的思维方式入手。本章论述的内容为中西文化对比和汉英语言对比，主要包含三节内容：中西哲学对比研究、中西思维对比研究、汉英语言对比研究。

第一节 中西哲学对比研究

在追溯逻各斯中心主义之前，我们首先追溯古希腊文明的哲学逻辑本源。古希腊哲学的几个学派均带有还原论的性质。古希腊哲学家认为世间万物都可以归结为具体的物质（如水、火、原子等），渐渐地，这种分析式的思维方式成为一种思维习惯。纵观几千年来，古希腊形而上学的发展在本质上没有发生沿革，且哲学传统万变不离其宗。逻各斯是由赫拉克利特提出的，是探讨世界万物变化规律的哲学概念。

儒家思想由孔子创立，是以"仁"为核心的思想体系。儒家思想并非只是孔子一人的思想，而是历代的一系列哲学家和思想家所形成的各种思想的综合，在岁月的流转中逐渐成为中华民族主要思想的根基。而逻各斯中心主义是西方流派的开始，在此之后也有不同的西方哲学家逐步建构起属于自己的思想体系。我们通过对西方哲学流派逻各斯中心主义和儒家思想进行对比与分析，不仅可以发现中西方哲学思想的根本差异，而且能为中西方哲学的交流提供更多的可能性。

逻各斯源于古希腊语"logos"，而"logos"则是由"legein"发展而来的，"legein"在古希腊语中的解释为"说话"。随着后世哲学的发展，"logos"常被阐释为"理性、判断、概念、注释、定义、根据、关系"。[①]古希腊著名哲学家赫拉

---

① 海德格尔.存在与时间 [M]. 陈嘉映，王庆节，译. 北京：北京三联书店，1999.

克利特最早将逻各斯引入西方哲学，他在《残篇》第一条中，曾这样写道："逻各斯虽然像我说的那样存在，但人们在听到它以前，或第一次听到它的时候，总是不能理解它。万物都是按照逻各斯产生的，虽然我已经根据事物的本性将它们加以区别，解释了它们是如何发生的，而且人们也经常遇到像我所说的那些话语和事实，但是他们像从来没遇到过它（逻各斯）一样。另外一些人对他们醒来以后做了些什么也不知道，就像是将他们梦中所做的事忘了一样。"① 在他看来，万物依据逻各斯生成，它永恒存在，谁不认识、不服从逻各斯，谁就无法获取智慧、把握真理。逻各斯就是世间万物变化的一种微妙准则，主要用来说明万物生灭变化具有一定的规律。

而关于逻各斯的真正含义，著名哲学史家格思里曾在《希腊哲学史》中详尽地分析了公元前 5 世纪及之前，这个词在哲学、文学、历史等文献中的用法，归纳出 10 种含义："任何讲的东西和写的东西，包括虚拟的故事和真实的历史；所提到的和价值有关的东西，如声望、名誉等；与感觉相对立的思想或推理；从所讲或所写的发展为原因、理性或论证；与'空话''借口'相反，事物的真理；尺度，即完全的或正当的尺度；对应关系，比例；一般的原则或规律；理性的能力，如人与动物的区别在于人有逻各斯；定义或公式，表达事物的本质。"②

无论逻各斯有多少种含义，其最基本的含义是，万物变化都是按照逻各斯进行的，尽管变化无常，但人们能够把握它。从赫拉克利特开始，西方哲学更加注重宇宙的规律性，这就推动了西方哲学走向一个新的阶段。作为逻各斯的提倡者与继承者，斯多亚学派奉行逻各斯是宇宙事物的理性与准则这一主张。也正是得益于逻各斯中心主义的发展，理性思维在西方哲学史中占有很重要的地位。

赫拉克利特曾将世界的本源定义为"一团永恒的活火"，并且这团"永恒的活火"必须"按一定尺度燃烧，一定尺度熄灭"，而逻各斯正是这个"尺度"，这在当时无疑是一种质的进步，因为它打破了传统观念上的神创世说。自近现代以来，启蒙运动爆发，以伽利略为代表的自然科学开始兴起，逻各斯也发生了巨大变化，此时的它已不再是传统意义上的智慧与科学，而是逐渐发展成为具有物理意义的理性主义，并对海德格尔、黑格尔、康德等西方哲学家带来极大的启发。

---

① 格思里.希腊哲学史：第一卷 [M]. 汪子嵩，范明生，译. 北京：人民出版社，1997.
② 格思里.希腊哲学史：第一卷 [M]. 汪子嵩，范明生，译. 北京：人民出版社，1997.

我们现在再来谈谈中国古代的主流意识形态。作为中国影响最大的主流学派，儒家思想核心是"仁"，它主张以人为本，重视人的现世生存，也关心人的精神追求。与逻各斯中心主义注重理性不同，儒家思想关注人与社会。

一方面，孔子将"仁"视为社会的最高道德准则。他在《论语·雍也》篇中，将"仁"定义为"爱人"，并解释说："夫仁者，己欲立而立人，己欲达而达人。能近取譬，可谓仁之方也已。"① 也就是说，自己要步步站稳，须知别人也要站得稳，所谓立也。自己要处处行得通，须知别人也要行得通，所谓达也。我们在为自己谋求发展机会的同时，也要懂得帮助他人谋求发展机会，不能为了满足自己的欲望而忽视他人。因此，"仁者爱人"是经典儒学的逻辑起点和理论基点。

另一方面，我们要明白，孔子所强调的"仁"并不局限于思想道德领域人与人之间的和谐相处。孔子生活的春秋晚期，社会动荡不安，周王室衰微，诸侯国日渐坐大。身处这样一个多事之秋，孔子对于"仁"的着眼点，也不再是个人的伦理道德。《论语·卫灵公篇》中有此记载："民之于仁也，甚于水火。水火，吾见蹈而死者矣，未见蹈仁而死者也。"其主旨是"勉人为仁"，译成现代汉语意思是："百姓对于仁德的需要，比对于水（的需要）更加迫切。我只见过跳到水火中而死的，却没有看见践履仁德而死的。"由此可知，孔子主张以仁为本，将政治伦理化，将国家人格化。

战国时期，孟子继承和丰富了儒家思想，提出了"仁政"。在总结各国治乱兴亡规律的前提下，他提出了"民为贵，社稷次之，君为轻"的著名观点。在孟子看来，最理想的政治状态是将人民放在第一位，其次是国家，最后才是君主。只有实行仁政，才能实现这一政治理想。而究竟什么是仁政呢？在孟子眼里，"人皆有不忍人之心。先王有不忍人之心，斯有不忍人之政矣。以不忍人之心，行不忍人之政，治天下可运之掌上"②。

由此可见，体恤百姓、爱护百姓，才是治国治天下的根本之道。在儒家学派中，孔子提供了个体认识世界的主要规范和方式；孟子为孔子的学说提供了必要的补充。至此，儒家思想已慢慢上升为治国思想。到汉武帝实行"春秋大一统"和"罢黜百家，独尊儒术"，儒家思想被奉为国家的根本哲学。此后，儒学成为维护封建专制统治的思想工具。

---

① 孔子. 论语 [M]. 长沙：岳麓书社，2018.

② 孟轲. 孟子 [M]. 西安：三秦出版社，2018.

通过对逻各斯和儒家思想进行对比与分析，我们得知：二者均在中西方哲学史上占有不可撼动的重要地位，但逻各斯常被定义成宇宙万物的理性与规则，为探索真理所服务；而儒家思想则是中国古代社会政治思想的精华，其历史价值存在着本质的不同。所以，在某种程度上我们可以说，西方哲学是以层层分析的理性思维作为主要思维形式的，而东方哲学则是以包容并济、注重融会贯通的感性思维作为主要思维形式的。

第二节　中西思维对比研究

一、中西思维分类对比

语言是思维的外显，思维是语言的内在。了解一种语言，不仅要研究语言本身，更要研究语言的内在体现形式。思维方式作为一种隐性要素，遍布文化领域的方方面面，包括物质文化、精神文化等，尤其体现在哲学、语言、艺术、科技及日常实践中。上一节着重分析了中西方主要哲学流派及儒家思想与逻各斯中心主义之间的差异，为了对中西方文化有进一步的了解，下面将对中西方思维的对比分析作进一步的探讨。

（一）集体主义思维与个人主义思维

个人主义思维与集体主义思维导致中西方国家在政治、经济、社会、哲学、宗教等方面产生了一定差异。"两类文明理论"便是最好的解释：由于思维方式的不同，西方国家注重个人主义思维，而中国则强调集体主义思维。

西方文明中的"个人主义"认为个人利益与集体利益同等重要。其根本原则是：将个人与集体区分开。个人主义强调每个人都是独立且伟大的，它更注重个人的价值、尊严与利益，反抗权威及所有试图控制个人的行为——尤其是那些由国家或"社会"施加的强迫力量。在许多学者看来，集体主义是中国思维方式区别于西方思维方式的一个重要标志。与崇尚个人特性与自由的西方文化不同，自古以来，中华民族就有着根深蒂固的集体主义思想。斯大林在 1934 年 7 月同英国作家威尔斯的谈话中明确提出"集体主义"这一概念。在他看来："集体主义、社会主义并不否认个人利益，而是把个人利益与集体利益结合起来……个人与集体之间、个人利益与集体利益之间没有而且不应当有不可调和的矛盾。社会主义是不能撇开个人利益的，只有社会主义才能给这种个人利益以最充分的满足。此外，社会主义社会是保护个人利益唯一可靠的保证。"[①]

集体主义推崇个人从属于社会，个人利益要为集团、民族、国家的利益让步。纵观历史，在民族、国家危在旦夕，个人漂浮不定时，中国人往往敢于舍生取义，为国献身。"苟利国家生死以，岂因祸福避趋之。"，林则徐在面对国家危难时，将国家利益放在个人生死之前。

受到儒家思想几千年的浸润和熏陶，中国人将集体主义看作是道德观和价值观的体现。人是集体中的一员，离开集体，个人也就失去了作用。因此，中国人更关注身处集体社会中的人际关系，将集体主义看作是价值的精髓。集体主义思维方式也形成了诸多的习惯用语，例如"人心齐，泰山移"，只要大家齐心协力、团结合作，泰山最终也可以被移除；又如"众人拾柴火焰高""一把火烧不开水，一只手捂不住天"，都反映的是集体的力量大于个人力量，依靠集体能较好地完成任务。

长期以来，集体主义成为一种优先思维形式，占据了东方人的脑海。集体的概念无处不在，每一个个体都是有"标签"的，即我们属于这个或者那个组织。东方人的日常生活都是以集体的形式展开的，个人多数是从一个集体移动到另一个集体，即使是闲暇时期的旅游，东方人也倾向于采取集体出游的方式。

大多数东方人的聚会强调集体的力量，所有人都在一起活动而不是凸显个人的性格、能力、爱好。这就要追溯到中国文化中的集体主义思维倾向，中国人更倾向于把自己看作是集体中的一分子而不是一个独立的个体。在旅行的时候，独自旅行的中国游客比西方游客少，报旅游团的东方游客远远多于西方游客，就是一个例证。

中国古语中有"枪打出头鸟"的说法，日语中也有"最先凸出来的钉子总是最先被锤下去"的说法。为了迎合集体主义，进一步弱化个人角色，自谦语就成为一种社会交往必要的手段。在日语和韩语中，还有专门表达自谦语的语法现象。

---

① 斯大林.斯大林文集[M].中共中央马克思恩格斯列宁斯大林著作编译局，译.北京：人民出版社，1985.

但是值得注意的是，自谦语的广泛应用成为东西方交流的另一个障碍。中国古代有很多谦称，如"鄙人""在下""卑职"等；而西方国家中这种谦称很少，西方人强调面对上帝要谦卑，在英语中，一般的人与人交流中重视表示"我"的"I"，它无论在句首还是句中都是大写的。

与中国相反，西方文化的核心内容是个人主义。在西方国家看来，个人利益或个人价值应该凌驾于集体之上。据考究，其源头可追溯至古希腊城邦政治。世界著名民主政治家伯里克利在其著名演讲中就曾提及："我们的制度之所以民主，是因为政权掌握在全体公民手中，而不是在少数人手中。"[①] 这种主张民主、追求个人权利的自由思想在后来逐渐发展成为西方个人主义的精髓。例如，面对他人对自己的赞美或夸奖，中国人一般回应"没有、没有"或者"哪里、哪里"并略带羞涩地摇头；而西方人一般回答"Thank you"，大方地接受赞扬。西方人更追求个性张扬，重视个人价值。

中世纪文艺复兴的狂潮席卷了整个欧洲。资产阶级发起了一场崇尚自由、提倡个性解放的思想文化运动，为个人主义的发展奠定基础。个人主义源于法国大革命及启蒙运动时期，最早以法语形式"individualism"存在。德国宗教领袖马丁·路德要求打破精神枷锁，实行宗教改革，追求个人自由；法国思想家卢梭认为自由是天赋人权，人民则是国家权利的最终拥有者。

至 19 世纪，"个人主义"这一术语的使用已经非常广泛了。个人主义作为支撑西方资本主义国家的社会哲学，在美国也得到了充分的发展。自 1776 年以来，世世代代的美国人都拥有一个"美国梦"，他们相信任何人通过坚持不懈的努力，都能走向成功，而不用依靠特定的社会阶级。对于美国人而言，只有"美国梦"能帮助个人实现至高无上价值、获取现实利益。他们热衷于走自己的路，在他们眼里，唯有自立才能实现人生的自我价值。

中西方的"自我"概念有着很大的不同：中国人倾向于将自己融入整个的大环境中，隐而不见；而西方人倾向于将个体在群体中凸显出来，希望通过个人的努力使自己的价值得到体现。

例如，中国人习惯群体生活，而德国人习惯单独生活。同事聚会或者朋友见面，中国人大多选择一起吃饭，而且认为人越多越好，边吃边聊才热闹、亲切；

---

① 施忠连. 世界人生哲学金库 [M]. 上海：上海文化出版社，1994.

而德国人则会根据自己的爱好选择几个人组成小圈子。偏向综合思维的中国人倾向于群体生活，喜欢召开集体活动；而倾向逻辑思维的西方人喜欢按自己的需要选择相处人群。在为人处世方面，中国人强调顺应自然，因为人与自然是统一的整体，人是自然的一部分，人应该融入整体，在特殊情况下可以"忘我"；西方人主张以个人能力探索世界、了解世界、征服世界。

与中国人所奉行的集体主义不同，个人主义在西方人眼中则是平等、自由的代言词，他们相信通过个人奋斗、依靠个人力量能实现人生价值；相信只有不断地自我肯定、自我鼓励、自我追求才能立足于社会，才能为自身创造美好未来；相信人生的命运只能掌握在自己手里，任谁都不能主宰。西方人认为"Self comes first"（自我利益是第一位的）、"Every man after his fashion"（个人追求个人的风格），认为个人的价值很重要，突出个人的作用。而中国人则讲"天时不如地利，地利不如人和"，认为人心所向、上下团结才能取得胜利。

集体主义思维和个人主义思维从形式上来讲，并没有优劣之分，仅有思维倾向的区别。

（二）发散思维和聚焦思维

发散与聚焦是思维的两种基本形式。发散思维又可称为放射思维、扩散思维，它是指大脑在思维过程中所表现的一种扩散状态。心理学家认为，发散思维是创造性思维最显著的特征，是评判创造能力的主要标志之一。而聚焦思维与发散思维是相对而言的，它又被称为集中思维、聚敛思维，它以某一思考对象为对象，尽可能地运用已有的经验和知识，将各种信息重组，将思维集中，从而解决某一问题。简而言之，发散性思维更有利于感性思维的产生，聚焦性思维更有利于理性问题的解决。

受语言环境的影响，中国人在思考时更倾向于利用发散思维。发散思维较多用于中国的古诗中，能创造出"言有尽而意无穷"的精神境界。

发散思维是中国文明的原动力。中国从古至今，都在培育、开发人的智力方面占领着制高点。例如，中国人善于在自然想象中寻求灵感，造纸术、指南针、火药、印刷术就是最有力的证明。为了提高印刷效率，毕昇发明了活字印刷；为了提高书写效率，蔡伦发明了造纸术……中国古代的四大发明是劳动人民智慧的结晶，为打破欧洲中世纪天主教思想枷锁、促进西方资本主义发展奠定基础，在世界科技史上留下了浓墨重彩的一笔。放眼当今中国，发散思维更是必不可缺的。创新作为引领发展的第一动力，发挥着不可替代的作用。随着新兴科技的日趋进步、新兴产业的蓬勃发展，社会对于发散思维的需求更是与日俱增。

不可否认的是，发散思维对于中国古代文学的发展，尤其是对古代诗学的发展起着重要的作用，且发散思维更加有利于探索自然，能使人从自然中得到体认和顿悟，从而促使发明的产生。

如果说发散思维是"由一到多"的话，那么聚焦思维就是"由多到一"。但它并非对现有事物的排列整合，恰恰相反，聚焦思维是通过逻辑性思考对事物进行的创新性再生。聚焦思维善于对已经有的事物进行层层剥离，在剥离的过程中使之更接近于事物的真相，同时也"离真理更近"。善用聚焦思维去探寻真理，最终才能使令人"震惊"的想法发展成为一个"震惊"世界的学说。不可否认的是，聚焦思维在西方现代科学中起着重要的作用，广泛用于理科的学习和探索。

在西方人看来，聚焦思维引人深思、发人深省，是探索真理的关键。西方学者和学生更加注重科研本身，以层级分析的形式逐步解析事物的本质，更加崇尚学术的纯粹性。

发散思维的表现之一是变通性，即联想能力，善用触类旁通的方式处理问题，是横向的。而聚焦思维表现在对主要问题的探究、探索，是纵向的。在写作中，中文擅长举例说明，善于运用大量的例子充实论据；英文中多是解释说明，对论点做深入阐释。中国学生的作文常常"顾左右而言他"，这也是中国发散思维的一种重要的体现。

从另外一个角度来讲，发散思维也赋予中国古代文学更多的感性色彩，创造"言近而旨远"的艺术意境。发散思维在中国古代文学中的主要体现就是象征、隐喻和意象的表达。中国的古诗词在翻译的过程中非常困难，这种困难并非来自翻译本身，而是由于古诗词所含有的"旨远"的不可译性。刘勰在《文心雕龙》中说道："独照之匠，窥意象而运斤。"

以马致远的《天净沙·秋思》为例："枯藤老树昏鸦，小桥流水人家，古道西风瘦马。夕阳西下，断肠人在天涯。"在西方人看来，前面九个名词仅仅是词语的简单排列，并不代表其他的意义，西方人很难读懂其中所含有的深意，但是在中国的发散思维的演绎下，这些意象形成一幅非常生动的画面。

正如王弼在《明象》中所说的那样："夫象者，出意者也；言者，明象者也。尽意莫若象，尽象莫若言。言生于象，故可寻言以观象；象生于意，故可寻象以观意。意以象尽，象以言著。"翻译中语义并不会流失，流失的是"以象达意"。中国的诗词就是"意"与"象"的完美结合。

（三）线性思维和环形思维

一般意义上讲，在处理问题上，西方人倾向于线性思维，东方人倾向于环形思维。

线性思维是一种直线的、单向的思维方式。线性思维也称作推理性思维，它由整体到部分、从总体到个人、从辨析到具体、从目标到推理、从小到大，能很好地通过整体去理解部分，最终生成无限小的各个相关部分。在表达个人观点时，西方人倾向于直奔主题，直抒胸臆。

环形思维则具有迂回曲折的特点，即并非直抒其意而是顾左右而言他，然后使用修辞的方式，如隐喻、类推等去展开一种论点，最后回到主题，或者有意地指向其他，最后揭示出一种隐含的主题，类似于我们常说的"绕圈子"。

这种思维差异在商务洽谈中可见一斑。西方人常讲"Business is business"，意思是"生意归生意，就事论事"。他们信奉"时间就是金钱"，在商务谈判中往往直截了当，坐下来就谈生意，较少寒暄，以最少的投入谋取最大的利益。而中国人在促成商务谈判的过程中，往往都会抱有一种建立关系的姿态。在饭局中，似乎一切与谈判并无多大关系，但只要是熟悉中国酒桌文化的人都了解，谈判最终能否成功，双方在酒桌上看似跑题地彼此寒暄、试探、拉拢和角力，常起到至关重要的作用。

在语言层面上，西方人的线性思维表现为，说话、写文章均讲究开门见山。在日常交流中一般会直接表达自己的观点。在遣词、造句及谋篇上，多采用从概括到举例、从一般到具体、从整体到部分的直线型原则。例如，在段落中常以一个主题句开头，也就是先表达中心意思，再层层演绎或逐项论证。而中国人在探讨某一话题时，常不直接切题，总会先从相关信息谈起，而后进入话题，即抛砖引玉；在向别人提出要求时，会先做好铺垫，而后再表达自己的想法。文章的结构一般是归纳式的，先阐述相关论据，再举例说明，最后得出结论。这个过程讲究首尾照应，如果开头提出问题，文章最后会总结并给出答案，呈现出圆形或者螺旋式的结构，就像"起、承、转、合"一样，是一个反复而发展的过程。因此，英语文章给人以观点直接、鲜明的感觉，通过每段的主题句就可以了解作者的观点，"三段论"模式的演绎论证使文章结构紧凑，行文显得利索、明朗。相对而言，汉语文章会给人以婉转、含蓄的感觉，反复而发展的螺旋式结构使文章形式比较散（意义上是连贯的），行文隽永；汉语文章中有时主题并不会直接出现，而需要读者看完后归纳总结，作者引而不发。

中西建筑的某些特点也反映着思维的不同。环形思维带有封闭性，体现在建筑上就是中国建筑里院落、围墙的封闭性。院落是中国传统建筑中作为主体的必要元素，"建筑中的场院空间都是围合状态下的封闭空间，院落是建筑群的主体，建筑围绕院落来布置。"① 而西方建筑的特点之一是开放性，广场是西方建筑最具特色的外部空间。因此，有着环形思维的中国人创造了"曲径通幽"的中国式园林——曲折迂回、互相嵌套、形式丰富多彩；而西式园林则体现出西方人线性思维的特点——草坪是整齐平整的，花木也有一定的几何样式。

在人文情感层面，倾向于环形思维的中国人大多是内敛、保守的，追求中庸；长于直线思维的西方人则大多直率、开放，喜欢标新立异。中国人在表达意见时为了避免摩擦会考虑周围人的感受，为人处世显得圆滑；西方人会直截了当地表达感受，但有些情况下这样更有效率。在情绪表达方面，在同一个场合，如果心情不好，一个西方人可能会直接表现出来；而中国人为了不破坏现场气氛或者不影响其他人，往往会隐藏自己的情绪。中国人会比较周到地考虑各种因素后选择适中的方式表达自己，而西方人则倾向于比较直观的表达。

当中国的环形思维运用到多个方面的时候，便会出现很多有趣的现象，或许这是比汉字更加难以理解的属于中国式的人际关系。

总的来说，中国人认为世界上的事物是普遍联系的，可以把很多看似不相干的东西归到一起，这就是环形思维。而西方的线性思维认为，事物之间的联系是必须靠逻辑推理的。两种思维各有优劣，在日常的工作交往中，只有更加注重表达范式、交往范式、语言构型范式的不同，才会创造出"和而不同"的共存环境。

---

① 李仙. 论中西方建筑文化的差异 [J]. 艺术与设计，2009（4）：92-94.

（四）散视点与焦视点

散视点，又称散点透视法，也叫移动视点，起源于中国古代的山水画技法。它是指画家的观察点不固定在一个地方，也不受一定视域的限制，而是根据需要移动立足点进行观察，以多视角多焦点构图造型。例如，在画山水的时候，把视点逐步前移。从这山转到那山，步步看，面面观，前顾后盼，左看右看，把众多的景物集中到一幅画面上……这种纵身大化、与物推移、与大自然浑然一体的流动空间意识，使画家既能最客观地于尺幅之间画出千里万仞之景，又能最主观地将自己的情感借千姿百态的大自然充分体现。"看西洋画只能'驻足'，看中国画却能'卧游'。"[①] 正是得益于"散点透视法"原理，中国古代艺术家才可以创作出如《清明上河图》等长达数十米、百米的长卷。《清明上河图》采用的是"散点透视法"的表现手法，画面中大到原野、河流、城郭，小到马车上的钉铆、摊贩上的小商品、店铺招牌上的文字，整个汴京的城市面貌一览无余，而这正是采用"焦点透视法"的西洋画所无法承载的。

焦点透视法，即焦视点，或称定点透视，指像照相一样，人眼的视点固定在一个位置上，把能摄入镜头的物象如实照下来，不同距离的物体在同一画面上体现近大远小、近宽远窄、近高远低、近实远虚的关系。因为受空间的限制，视域以外的物体就不能摄入了。其符合人真实的视觉，是一种写实性的绘画技法。达·芬奇的《最后的晚餐》即为焦视点的典范之作。

我们可以这样理解，散视点思维是一个从面到点的过程，焦视点思维则是一个从点到面的过程。中国古代的诗歌就有点面结合的描写方法。点面结合即大处着墨小处落笔、从整体到局部的描景状物方法。唐代柳宗元的《江雪》就运用了这种描写方法，"千山鸟飞绝，万径人踪灭。孤舟蓑笠翁，独钓寒江雪"，[②] 前两句先写"千山""万径"展现出一幅寂静、苍茫的画面，后两句写到江面上的一叶扁舟、一个老翁；从"千山""万径"中飞鸟绝迹、人踪湮没的画面描写，到对"孤舟""独钓"的老翁的刻画，从面到点，从景物的寂静写到人的孤独绝望。这种散视点思维下由面到点的描写方法在中国古代诗歌中很常见，由面到点的描

---

① 高一虹. "散点透视"与"焦点透视"、"筷子"与"刀叉"——北大英语系学生笔谈 [J]. 现代外语，1995（4）：12-16.

② 杨世友. 唐诗品读六百首 [M]. 武汉：崇文书局，2021.

写中，通过景物的对比实现对情感的表达和意境的描绘，驾一叶扁舟独钓并不稀奇，但是在满山是雪、道路皆白、飞鸟绝迹、人踪湮没的背景中，独钓就不平常了。

散视点思维与焦视点思维有着不同的文化渊源。中国文化主张"天人合一"，在人与自然、人与社会的关系上强调顺应自然，认为艺术的最高层次不是站在客体之外把握它的特点和规律，而是尽可能地融入客体之中，最终达到物我两忘的境界。因此，中国绘画历来不是以再现自然为目的，而是讲究虚实结合，重在立意。作品是创作者情感和意趣的载体，给人一种意境之美。而西方的思维模式和哲学传统基本上是以天人对立的思想为基础的，认为人要认识自然、征服自然。因此，在西方绘画中，画家是从客观的角度来把握自然，要求所画的作品应与眼睛看到的实景相符。也就是说，西方人习惯于使主体与客体保持距离，善于从某个特定观察角度，对客体进行客观细致的描述。

中西方的语言文字特点可以帮助我们理解这两种思维。西方的句子以动词为核心，其他成分围绕动词组建彼此的关系，这就在很大程度上限定了西方人的思维模式（焦点思维）。汉语句子结构采用错落有致的流水式，以意带形，追求"形散而神不散"，这正是散视点思维的特点。

散视点思维与焦视点思维反映到文学上，突出表现为二者在框架和表现手法上的不同。以亨利·詹姆斯的《贵妇人画像》和曹雪芹的《红楼梦》为例，西方小说多倾向于在一个固定的时空框架中观照生活，它总是以一个或几个人物为中心人物，其他人物则处于陪衬地位，是典型的"焦视点"式构思；中国小说中的人物刻画则体现出汉语的流动性，小说以一种"散点透视"的方式观照生活，随时从任意一页开始读，都能让人很快沉浸其中。整部小说并没有以一个或几个人物为重点加以浓墨重彩的描绘，而是悉心地描绘每一个上场的人物，使全文具有一种恢宏的历史感、生活感，给人的心灵以强烈震撼。

简而言之，中国的散视点思维是流动、移动且综合的，西方惯有的焦视点思维则是直线、稳定且聚焦的。

（五）综合思维和逻辑思维

中国人倾向于综合思维（整体思维）而西方倾向于逻辑思维（分析思维）。事实上，这两种思维是从整体与部分的关系来认识客观事物的。综合思维是将已有的关于客观对象各个部分、方面、特性和因素的认识综合在一起，形成对客观对象的统一的整体认识。分析性思维则是人们将客观对象分解成各部分、方面、特性、因素等，一项一项加以认识。

中国人的综合思维与中华民族传统文化中"天人合一"的古典哲学思想相吻合，古人认为天、地、人是和谐统一的整体。早在三千年之前，《易经》就将世界万物纳入由阴阳所组成的八卦系统和六十四卦系统，提出了"易有太极，是生两仪，两仪生四象，四象生八卦"的整体性世界观。到了先秦时期，庄子提出了"天人合一"的说法。战国时期，思想家荀子提出"列星随旋，日月递炤，四时代御，阴阳大化，风雨博施。万物各得其和以生，各得其养以成。不见其事而见其功，夫是之谓神。皆知其所以成，莫知其无形，夫是之谓天。"[①]认为"天"是列星、日月、四时、阴阳、风雨、万物等自然现象互相作用而生成的功能系统，宇宙是受客观规律支配的统一整体。在前人的基础上，西汉时期的董仲舒最终把这种整体性世界观发展成"天人合一"的哲学思想体系，指出人与自然是对立统一的辩证关系，这些都促进了中国人综合思维的最终成型。

综合思维对中国的历史、文化和生活的影响是巨大的。以中医学为例，中医学根据道家的五行说——金、木、水、火、土，把人体的五脏六腑看作是一个相互联系、相互制约、相互影响、相互作用、相互包含、相互映射的有机系统，且将人体病症治疗与地理环境、气候和四时变化等自然因素联系起来，比如我们常说的"头痛医脚，脚痛医头"的整体疗法。

西方哲学则讲究天人相分、物我两别，虽不否认统一，但更重视对立。相比于中医，西医往往是头痛医头，脚痛医脚，整体意识较差，更强调局部，重视运用器官实体及生理结构来解释病理。配药上，中药常是多味配药，西药一般主张单药服用，这也体现着两种思维的差异。

中国人的审美情趣也体现出综合思维的特点。京剧是综合性的艺术，融合了歌唱、对话、舞蹈、武打这几种艺术形式，即唱、念、做、打。在表演中，这四种形式是相互配合、相辅相成的，戏曲演员只有同时具备这四种基本功，才能充分发挥京剧的艺术特色。在西方，有歌剧、舞剧、话剧等相应独立的艺术分类。西方以事物分开后的纯粹美作为一种美的标志，按照这种纯粹美的观点，他们将

---

① 荀子. 荀子 [M]. 沈阳：万卷出版有限责任公司，2020.

芭蕾这种动的舞蹈和歌剧这种相对静的演唱方式截然分开，使之成为两种具有不同标准的艺术形式。

中国画强调整体意境，如意境深远的山水画；西方绘画注重透视法，多见市街、器物。西方人物画讲究比例尺寸精确，而中国人物画追求神似和整体姿态的传神。这也体现了综合思维与逻辑思维的不同。

这两种思维的不同在语言上表现得更明显。汉语在表示时间或地点时，其顺序是从大单位到小单位；而英语则常常是从小单位到大单位。

（六）感性思维与理性思维

人的思维可细分为感性思维与理性思维。感性思维包括爱、恨、愉快、悲伤等感情成分，理性思维则包括演绎、归纳、推理、论证等理性成分。动物也有感情，也会有"喜、怒、哀、乐"的感性表现，但绝对不会使用"演绎归纳"等理性思考方法。地球上只有一种生物具有理性思维的能力，那就是人类。从感性思维到理性思维是地球上几十亿年来生物进化的最高结晶。

感性思维与理性思维展现了人类思考过程中截然不同的两种模式。前者强调主观感受，而后者则更注重逻辑训练。作为中西方思维对比的一个重要方面，感性思维体现着中国人依赖灵感与顿悟的心理习惯，而理性思维则反映了西方人侧重理智与逻辑的思考方式。在某种程度上，我们可以将其理解为情感与理智的碰撞。

直觉思维是一种常见的思维方式，相信大家对此并不陌生。在大部分人看来，直觉就是完全依赖于个体的主观现象。真是这样吗？"一叶知秋"这个成语出自《淮南子·说山训》，意思是看见一片叶子的降落便能推测秋天要来临。尽管只是推测，但也建立在对自然规律有一定了解的基础之上，这便是中国人直觉的真正体现。一直以来，直觉思维都处于理性思维的初始阶段，它缺乏对于事物的具体认识，将世间万物看作是受主观臆想支配的产物。因此，直觉源于感官，但同样离不开理性的支持。确切来讲，直觉思维介于理性思维和感性思维之间，它既带有理性的色彩，又局限于感性的束缚。可见，直觉思维是人们在百思不得其解之时，突然产生的"灵感"与"顿悟"，因此也可称为"感性思维"。作为一种心理现象，感性思维在创造性思维活动过程中发挥着尤为重要的作用。它不仅能推动前人智慧的发展，更能指引现代人思维发展的方向。

以古代哲学思想为例，道家推崇道法自然、天道无为，奉行以"无为"处世应物，以自然为法则的教义。可"道"究竟是什么呢？在老子看来，"道"就是万物之宗，是世间万千变化之根本。既然道法在心，那么万物有变又岂是一个"道"能阐释的？正所谓"道可道，非常道"（世间万物无法轻易被解释清楚）。换个角度想，感性思维其实也是突破条条框框束缚的创新性思维的一种，心理学家曾将直觉思维定义为一种潜意识的思维活动，在他们眼里，直觉往往能在瞬间洞悉事物本质，实现认知上的飞跃，并成为理性思维的过程，这就是中国人智慧的根源了。

苏轼曾以一则著名的"取象类比"来形容直觉认知的创造性，原本风马牛不相及的事物，竟能通过感官上的直觉体验进行创造性活动。自古以来，直觉都不是凭空产生的，它是在世间万物感悟之上萌发的。

弗洛伊德认为，做微小的决定，需要依靠人的理性，把利弊罗列出来，逐一分析并作出正确的选择。可在做重大决定时，则应该依靠潜意识传递的信息，直觉会告诉人们内心深处最需要的是什么。[①]中国人向来喜欢顺应内心依靠感觉，他们相信，真正的智慧要靠自我培养，要靠直觉的引导。但在很多情况下，缺乏理性思维导致我们思考问题缺少整体性、系统性及严密的逻辑性，所以很难达到西方自然科学所创造的成就。尤其在当代中国，理性思维能力更是我们在生活、学习、工作中需要加强的能力。

与中国人的直觉思维不同，西方人更强调理性本身。他们将世间万物看作是上天的赐予，认为只有理性思考才能探得世间奥秘。亚里士多德曾提出"人是理性的动物"这一说法，将理性看作是探求宇宙万物、了解人与社会的出发点。因此，理性思维在西方社会的地位可见一斑。

西方理性的起源最早可追溯至古希腊哲学流派中。在西方人眼中，古希腊是开启理性的时代。那个时期，人们对于宇宙万物的变化知之甚少。受制于低下的劳动力水平及认知能力，他们往往不能对自然现象作出正确的判断和合理的解释。正如赫拉克利特最早提出的"逻各斯"便是西方人对世间变化规律的一种探索。尽管只是对事物运动变化规律的初步性探索，但它折射出古希腊哲学家的理性思考。即便那一时期的哲学家们在追求世界本源上仍带有很大局限性，未能打破自然界的束缚，但他们的哲学思想无不体现着理性的特征。

---

① 弗洛伊德. 日常生活心理病理学 [M]. 北京：九州出版社，2021.

自中世纪以来，理性思维更普及，其内容也更加丰富，具体表现在解放思想和探索真理两个方面。自 14 世纪以来，生产力的蓬勃发展促使新兴资产阶级掀起一场声势浩大的文艺复兴运动。至此，古希腊罗马时期高度繁荣的文学艺术辗转衰败后又重获新生，给处于"黑暗时代"的欧洲带来曙光。如此浩大的思想解放运动极大地促进了文化的繁荣，在唤醒西方人对于个人价值肯定的同时，更促进了理性思维的解放。越来越多的教徒摒弃盲目的宗教信仰，开始运用理性思维看待这个世界。这样的进步无疑是空前的，但历史仿佛并不甘于这样的结果。

300 年后，法国等地又掀起一场规模更为浩大的思想解放运动，席卷了哲学、伦理学、政治学、经济学等领域。此次启蒙运动的核心思想便是"理性崇拜"。著名代表人物康德曾出版《纯粹理性批判》(1781)、《实践理性批判》(1788)等书，并指出此次运动核心就是"人应该自己独立思考，理性判断"。这两场运动的爆发看似偶然，其实必然。经济基础决定上层建筑，生产力的蓬勃发展必然引起思想上的解放。至此，受封建宗教思想束缚的西方人打破局限，朝着理性思维的发展迈出一大步。

除解放思想以外，理性思维在探索真理方面更是发挥着不可替代的作用。在伽利略提出"自由落体定律"、"惯性定律"及"伽利略相对原理"以后，近代自然科学的大门被打开。随后，法国著名物理学家笛卡尔创造了"欧陆理性主义"哲学，建立解析几何理论，在自然科学史上留下划时代的印记。无论是英国物理学家牛顿提出的"牛顿三定律"、美国物理学家爱因斯坦提出的"相对论"，还是英国当代物理学家霍金提出来的"黑洞"及"霍金辐射"，无一不是在理性思维的支配下实现的。

理性思维对于解放思想、探索真理方面产生的深远影响造就了近现代西方文学艺术及科学技术等方面的蓬勃发展。大多数情况下，善用理性思维的确让人受益匪浅，但撇开感性思维空谈理性实为片面，理性思维是建立在感性思维基础之上的，也正是因为感性，我们才能利用理性。大多数的西方人都缺乏一种独立作出价值判断的能力，这就导致他们的个人空间过于狭隘，有理性而无直觉。我国著名美学家朱光潜在《给青年的十二封信》中说道："人类如要完全信任理智，则人生趣味剥削无余……问心的道德胜于问理的道德，所以情感的生活胜于理智的生活。"由此可见，理性思维离不开感性思维的陪伴。

在此需要说明的是，中国人的直觉思维与西方人的理性思维都是不完美的。失去理性思维的支撑，直觉思维很难维持下去，反之亦然。在当代社会，平衡好直觉思维与理性思维的关系才是现代思维方式发展的正确方向。

（七）具象思维与辨析思维

具象思维与辨析思维是两种基本的思维形态，人类从事各种活动时，往往需要对这两种思维方式协同使用。由于不同的地理环境、生产方式、语言文字、文化传统等因素，不同的民族呈现出不同的思维特点。一般说来，中国人的思维方式具有较强的具象性，而西方人思维方式则具有较强的辨析性。

具象思维主要是用直观具象和表象来解决问题的思维，其基本单位是表象。具象思维可以理解为主体运用表象、直感、想象等形式，对研究对象的有关具象信息，以及贮存在大脑里的具象信息进行加工（分析、比较、整合、转化等），从而从形象上认识和把握研究对象的本质和规律，或借助于表象进行联想、想象，通过辨析概括构成一幅新具象的思维过程。

辨析思维的基本单位是概念，它是指人们在认识活动中运用概念、判断、推理等思维形式，对事物的本质属性进行分析、综合和比较，进而抽取事物的本质属性，使认识从感性的具体认识上升到理性认识的思维过程。辨析思维是对客观现实间接地、概括地反映，概念、判断和推理是其基本表现形式。辨析思维可分为经验思维和理论思维。经验思维是人们基于日常生活经验所进行的思维，而根据科学概念和理论进行的思维便是理论思维。常运用经验思维的是儿童，如"苹果是一种可以吃的果实""鸟会飞"等就属于经验思维。但经验思维具有很大的局限性，常会导致片面性的结论。

我们当前使用的汉字是从象形文字发展而来的。五六千年前，为了便于记录和交流，人们根据事物的特征在龟壳和兽骨上刻下了简洁的线条符号，这就是中国最早的象形文字，也就是我们熟知的甲骨文。中国的象形文字是中华民族的智慧结晶，是最具象的演变至今保存最完整的一种汉字字体；它是我们的祖先对描摹事物的记录方式，最能体现中国人的具象思维。比如：甲骨文的象形字"月"字像一弯月亮的形状；"龟"（特别是繁体）字像一只龟的侧面形状；"马"字像是一匹有马鬃、有四条腿的马的形状；"鱼"是一条有鱼头、鱼身、鱼尾的游鱼的形状；"艹"（草的本字）是两束草；"门"字就是左右两扇门的形状；"酒"字去掉三点水是酉，形状就像是没有了酒的酒瓶；"日"字就像一个圆形，中间有一点，很像人们在直视太阳时所看到的形态。对此，申小龙曾指出："……初民把天象和物象作为语言资料来看待。初民对世界的认知形成一个系列。天象、地貌、鸟兽的足迹、作物的生态、人身、人身以外诸物，都提供了各自的符号。"[①] 由于象形文字无法描摹某些实体事物和辨析事物，汉字渐发展为表意文字，增加了新的诸如会意、指事、形声、转注、假借等造字方法，但这些新的造字方法仍基于原有的象形文字，以象形文字为基础。

西方的文字是字母文字。字母文字表音不表形，也就是说，西方的字母文字与它们所指的事物之间没有形似的关系。以英语和俄语为例，基本上一个字母就代表一个音位，与汉字相比，具有较强的辨析性。最早的字母文字是腓尼基字母。大约在公元前1000年，腓尼基人发明了腓尼基字母（共22个字母），这是人类历史上第一批字母文字，也是腓尼基人对人类文化的最伟大贡献。腓尼基人是历史上一个古老的民族，其自称迦南人，生活在地中海东岸相当于今天的黎巴嫩和叙利亚沿海一带，曾建立了一个高度文明的古代国家。他们善于航海与经商，在全盛期曾控制了西地中海的贸易。该地区各民族间贸易频繁，因此需要有一种人们交流使用起来简单方便的语言，来促进贸易的往来，这就要求语言的代表符号必须简约化，同时还要辨析化。腓尼基人借用古埃及人的象形文字，简化了苏美尔人的若干楔形文字，而且为便于书写舍弃了旧文字中的好看字样，最终把数千个不同图像变为简单且书写便利的22个字母。这22个字母后经爱琴海传入希腊，希腊人又增添了几个字母，创造了我们所知的希腊字母，并将其传入意大利。古罗马人在此基础上改动字形，由此造出拉丁字母，随后把它们教给了欧洲人。现在，欧洲各国的字母文字差不多都是从希腊字母和拉丁字母演变而来的。它在东方派生出阿拉美亚字母，接着演化出了印度、阿拉伯、希伯来、波斯等民族的字母。中国的维吾尔、蒙古、满文字母也是由此演化而来的。可以说，腓尼基字母是世界字母文字的始祖。

总的来说，中国的汉字和西方表音文字分别代表了中西在造字上的不同取向。一个基于具体的物象，一个基于辨析的语音。这从根本上决定了中西方思维具象

[①] 申小龙. 当代中国理论语言学的世纪超越 [J]. 天津社会科学，1995（4）：45-50，10.

性与辨析性的不同侧重，中国语言是以"神"为主、以象取义、"以神统形"的，而西方文化是以"形"为主、"以形统神"的。

以英汉两种语言为例，这种思维差异在语言表达上主要表现为以下三个方面：

第一，西方语言，尤其是英语，是以完整的"SVO 结构"作为语法构型的，语法结构清晰明确，任何有违语法结构的句子都会被认为是"病句"。纵观中国语言，迄今为止很难找到一种可以贯穿全部语言的语法构架，中国的句子是以"顿"和"声调"来断句的，例如，"你来了"这三个字，可以表达四种不同的意义（陈述事实、提出疑问、强调、失望）。再如，通过不同的断句可以产生不同的语义和效果。

第二，英语用词尚"静"，汉语用词尚"动"。英语的动作意义常借助于名词、形容词、介词或副词这些静态词语来表现；相反，汉语中多使用动词，在一个句子里甚至可连续使用，汉语是在一个个流动具象的过程中完成对于句子意义的理解和大脑中图像的建构的，这也是汉语独有的具象思维的表达。

我国的英语学习者在翻译时，常依照汉语的具象思维，根据汉语意思套用英语单词，这就进入了翻译的误区。

例：身体状况良好。good body condition（误）；in good shape/form（正）。

接电话。receive the phone（误）；answer the phone（正）。

拥挤的交通。the crowded traffic（误）；the busy/ heavy traffic（正）。

第三，中国文学善类比，西方文学多平实。中国的汉字特点及"尚象"文化使中国的文学作品注重立象以表意，而西方则长于逻辑分析和思辨，其文学语言多平实。中国的具象思维在向英语的转化过程中，其语义的流失还是十分严重的，流失最严重的就是"象"。

在医学领域，中医以著名的"望闻问切"四诊法诊治疾病："望"是观察病人的发育情况、面色、舌苔、表情等；"闻"是听病人的说话声音、咳嗽、喘息，并且嗅出病人的口臭、体臭等气味；"问"是询问病人的症状，以前所患过的病等；"切"是用手诊脉或按腹部有没有痞块。中医四诊法根据机体外部的具体现象来估计病人的病因和病情。相对而言，西医的诊断更多的是借助先进的医疗仪器设备和数据分析作出对疾病准确的诊断。

这种思维差异同样体现在中西建筑风格上。中国古典建筑尤其是中国园林将后花园模拟成自然山水，用建筑和墙加以围合，内有荷花池，三五亭台，假山错落……营造出一种"虽由人作，宛自天开"的情调。西方建筑美的构形意识其实就是几何形体：雅典帕特农神庙的外形"控制线"为两个正方形；从罗马万神庙的穹顶到地面，恰好可以嵌进一个直径 43.3 米的圆球；米兰大教堂的"控制线"是一个正三角形；巴黎凯旋门的立面是一个正方形，其中央拱门和"控制线"则是两个整圆，甚至像花草树木之类的自然物，经过人工剪修，刻意雕饰，也都呈现出整齐有序的几何图案。

思维是一个民族在长期的历史发展过程中形成的一种心理习惯，是一个民族的文化内核。尽管中西文化在具象思维与辨析思维方面呈现出倾向上的差异性，但二者并不是对立的或绝对的，而是相互渗透、相互借鉴，为人类文化共添光彩。

（八）主观与客观

众所周知，文化与思维是息息相关的。中西方思维方式的差异在各自的文化中都能得到很好的体现。中国文化往往以人为立足之根本，而西方文化则多以物为观察之主体。中国传统哲学中"物我合一"的观点重点强调了以人为本的主观意识，追求的是物我两忘、浑然一体的境界。其特点是主体介入客体，客体融入主体，以主观意象统摄客观事物，寓事实判断于道德价值判断之中，主观能动性强，但缺乏客观科学性。这种人本文化的长期积淀，形成了中国人主观的思维方式。相比较而言，西方文化更加侧重于对自然客体的观察与研究。"在西方人的观念中，人超然于自然界，具有绝对的支配与改造自然的力量，人的本性就是要凭借自身的智慧和科学的力量来征服自然、主宰天地。这种重视外向探索，不懈追求的精神，以及把宇宙看作是人类对立面加以研究和征服的观念，逐渐形成了西方客观型的思维方式，即把客观自然界作为观察、分析、推理、研究的中心。"[①]这种思维方式的不同在中西方各自的历史文化发展过程中，在各个领域里，都或多或少得以体现出来。

就文学创作而言，中西方传统文学艺术在其各自的发展历程中呈现出了截然不同的走向，即中国趋向于表现型艺术，而西方则趋向于再现型艺术。中国传统文学由诗歌发端，讲究"诗言志""诗缘情"，注重以文字来传达诗人的感情，表

---

① 刘霞. 英汉翻译中的主客观思维转化 [J]. 商品与质量·理论研究，2011（1）：75-81.

现个体的心灵感触。而西方传统文学以宏大的史诗为开端，认为文学作品应以反映客观现实为主，再现现实生活，以关注个体生存现状。这种比较基于对中西传统文学的主流取向进行比较，是中西文人普遍认同并趋向的文学创作方法与风格。^①其中的差异同样是中西方主观和客观思维方式不同的一种外在体现。以中西方咏秋诗歌为例，中方诗歌多以生动具象的语言来描写周围的情景，刻画诗人内心深处的情感，往往追求的是情与景的交融；而西方诗歌更加注重理性的思考，通过客观的自然现象揭示内在的人生哲理。

在西方，诗人会把秋天万物凋零的景象刻画成一种具有崇高的人格、坚强的意志、乐观的心态的英雄形象。即使面对着萧瑟的秋暮，诗人依然能够在艰苦的环境里领悟到面对苦难时人们的心理状态：虽然心有忐忑，依旧能够直面苦难。相比较而言，中国诗歌重在抒情，也更加注重情景之间的关系的处理，认为情与景互为依托，是对立统一的关系。唐代诗人李商隐在《乐游原》一诗中写道："万树鸣蝉隔断虹，乐游原上有西风。羲和自趁虞泉宿，不放斜阳更向东。"^②同样是写秋暮之景，李商隐更加偏重诗人内心情感的抒发、心声的吐露。"鸣蝉""西风""斜阳"写尽暮秋之景；而引用"羲和"的典故则透露出了诗人的惋惜之情；太阳东升西落本是自然规律，诗人却担心羲和"不放斜阳更向东"，这明显地体现了诗人内心对于黑暗的厌恶，以及对于光明的期盼，抒情性多于哲理性。

就艺术创作而言，中西方艺术创作真实观的差异同样与其思维方式的不同有着密切关联。中国侧重主观写意性，尤其强调艺术自身的展演；相较而言，西方艺术追求的是客观真实性，艺术自身的独立性反而常常被忽略。自柏拉图、亚里士多德确立"模仿说"以来，西方传统的艺术真实观念"模仿自然"一直占据主流地位，而关于中国的艺术真实观念，自先秦以来，儒、道两家就奠定了整个中国古代艺术的真实论沿着主情和表现的方向发展的基调。^③艺术源于现实并高于现实。在中国文化中大量存在的神话故事无不反映了人与自然的关系，这对中华民族的思维方式产生了极大的影响，人的主观性及核心地位愈加突出，"天人合一"的宇宙观和自然观逐渐演化成了中华民族独特的主观思维模式，即写意性

---

① 刘赫然. 中西传统文学不同走向的成因分析 [J]. 牡丹江教育学院学报，2014（3）：6-7.

② 杨世友. 唐诗品读六百首 [M]. 武汉：崇文书局，2021.

③ 匡景鹏. 中西艺术真实观的差异性 [J]. 明日风尚，2014（22）：110-111.

的思维方式。在创作的时候，艺术家往往采取"观物取象""得意忘形"的方式，而非完全忠实地反映自然和受制于自然。单从绘画艺术的角度来看，潘天寿先生曾说过："东方绘画之基础，在哲理；西方绘画之基础，在科学；根本处相反之方向，而各有其极则。"[①] 中国自古就有"天人合一"的思想，讲究"情景交融"，自然物象都具有和人一样的生命和情感。所以中国画家都是以"万物备于我"的眼光去看待自然界的山山水水的，从而达到以大观小、与物推移的境界。[②] 中国画的构图同样具有浪漫主义色彩，并未受到时空的限制，从而自然融合了诗歌、书法等因素，最终形成了"诗书画印"的完美体系，体现出了画家高雅的志趣和追求。

而西方艺术家则更倾向于采用科学的态度来作画，其绘画的表现方法和最终追求是真实感，是"再现自然""再现生活"。中国画家则对于画面的开合、虚实、意象更加在意，在绘画过程中往往更加强调人的主观意识和内心情感的呈现；与此不同的是，西方艺术家坚信唯有真实才具备打动人的因素，其构图方式则深受几何性原则与西方客观理性思维的影响。

就翻译工作而言，中西方思维方式存在极大的差异，要想将原文的主要内容、风格，以及思想情感忠实地表现出来，除了要重视词汇、语法、结构上的变化外，还要处理好中西方主客观思维方式的转化，使译文更加接近"信达雅"的标准。汉民族文化坚持以人为本，在创作的时候多以人做主语；而且当人称主语不言而喻的时候，又常常会将人称主语省略。这和西方国家客观的行文风格有很大不同。在对于人的感觉意识的表达上，非生物名词做主语的表达方式很好地体现了西方国家思维的客观性。

以英汉翻译为例，在英译汉的时候，英语"it"与汉语主观性之间可以相互转化：It never entered into his head to suppose that Emmy should think anybody else the purchaser. 他（都宾）也没有想到艾米会以为钢琴是别人买的。

这个句子是由"it"作为形式主语而展开的，很符合英语国家的表达习惯。然而在翻译成汉语的时候，就应该从汉民族主观思维角度出发，以人为本，用人来作为主语，否则就不符合中国人的写作方式和阅读习惯。而在汉译英的时候，

---

① 潘天寿. 潘天寿写意花鸟画要义 [M]. 上海：上海人民美术出版社，2022.

② 李姗姗. 构图"东·西"——中西绘画构图比较 [J]. 安徽大学，2007（2）：58-64.

对于汉语的陈述句，无主句和省略句的处理和翻译，则需要根据西方客观理性的行文风格来进行。

例如：①搞得我心乱如麻。It made me upset.

②我突然有了个主意。An idea suddenly occurred to me.

③看到这个可怜的孩子，他想到了自己的童年。The sight of the poor little boy reminded him of his childhood.

英语句子主语一般都不能省略，而且主语多是无生命事物，这和汉语有很大区别，在翻译的时候要注意思维角度的变化，作出相应的调整。

事实上，中西方主客观思维方式的差异在各自经济、政治、文化、生活等诸多方面都有所体现，这是多元文化的存在造成的，更是历史发展的必然。深入了解其思维差异能让我们明确自己的定位，从而理智而客观地面对外来文化。

二、不同视域下的东西方思维差异

（一）饮食习惯视域下的思维差异

1.饮食构成和摆放方式

中国有句古话叫"民以食为天"，由此可见饮食在中国人生活中的重要性。中西饮食之间的差异，简单来讲，就是筷子和刀叉之间的差异，究其根本，这种差异来自中西方不同的思维方式和处世哲学。

来自"味"的思维差异：从味觉的角度看，中西方思维的差异主要表现在感性和理性之间的区别，即中国饮食注重"味"，西方饮食注重食物本源。中国饮食的各大派系无一不是以"味"作为区分对象的，而西方食品注重热量、维生素、蛋白质等。这一饮食观念与整个西方哲学体系是同构的。

西方哲学研究的对象是事物之理，事物之理常为形上学理，形上学理互相连贯，便结成形上哲学。东方注重食物不同味道的综合，西方善于对不同食物进行逐个的分析，从成分到功用。西方理性思维不仅给西方科学带来了生机，而且善于理性分析的性格特征和思维习惯又使西方饮食形成特色：讲究餐具，讲究用料，讲究服务，讲究原料的形、色方面的搭配；作为菜肴，鸡就是鸡，牛排就是牛排。西方菜肴搭配简单，如土豆泥、牛排、青豆、番茄、前餐、开胃菜、主餐、甜点，色彩明艳，原料独立，简单明了。

东方人很重视"吃",生活贫穷艰难的表达是"食不果腹",富足生活的基准是"吃香喝辣","吃"一度是衡量生活贫富的一种标准。几千年来,由于战争的迁徙和朝代的更迭,满足口腹之欲成为民众的首要大事,故有一种独特的把吃看得重于一切的饮食文化。民间有句俗话:"民以食为天,食以味为先。"这种对美味的追求传达成为一种思维,食物思维也成为东方人人际交往的主要方式。

中国人对饮食也追求"意境",不仅讲究"色、香、味"俱全,还讲酸、甜、苦、辣、咸五味调和。中西方思维之间的区别,总体来说是"道"与"器"之间的区别。

中国饮食的独特魅力主要来自它的味道。所谓"道",即食物之"道",中国古代哲学中就有"道可道,非常道"之说,美味的产生在于食物的本味,在于熟味,在于配料和辅料的入味,更在于调料的调和之味,它们交织、融合、协调在一起,互相补充,互助渗透。中国烹饪讲究的调和之美,即综合之"道",这也是中华民族综合思维的体现。形和色是表面的,而味是内在的东西,重菜肴的味而不过分展露菜肴的形和色,正是中国饮食观的最重要表现。

如果说东方食物是重综合思维的话,那么西方食物则是西方分析思维的体现。中西方饮食方式也是中西方思维不同的体现。这种差异是民族性格的差异造成的,是环形思维和线性思维的区别。中国的宴席有一种形式,就是大家围坐在一起,共享一席。筵席通常用圆桌,这就从形式上形成了一种团结、共趣的气氛。菜肴放在圆桌中央,它既是供一桌人品尝的食物,又是供一桌人交流感情的媒介物,是受中国古典哲学中"和"的思想影响,便于集体的情感交流。

西式宴会上食品和酒皆为工具。宴会的核心在于交谊,通过与邻座客人之间的交谈,达到交谊的目的。宴会多用长桌,男女嘉宾隔开坐。如果将宴会与舞蹈相类比,那么可以说,中式宴席好比集体舞,而西式宴会好比交谊舞。由此可见,中式宴席强调的是全席之间的交流,而西式宴会更强调相邻宾客之间的交谊。

2. 思维差异与饮食禁忌

从饮食禁忌上来讲,不同的饮食习惯带来的不同思维联想也不容忽视,多数的西方人不吃动物内脏和动物的四肢。而中国的饮食则"包罗万象"。东方人的美食有可能引起西方人不愉快的联想,例如中国人普遍喜爱的美食皮蛋、凤爪等常常让西方人觉得反感,据说"凤爪"让西方人联想到人的手。

中西方饮食的不同直接影响思维的差异。例如,刚果人不吃虾,认为虾是"某种蠕虫";阿拉伯国家也有自己的特点,阿拉伯人不喜欢吃螃蟹、虾、海参等食物,更加不食无鳞鱼。诸多的禁忌既是一种来自食品的限制,更是一种思维的限制,人们在禁忌食物的同时也在规约自己的思想,使之更加符合自己所处的社会的现状和当前社会规范。可以说,从某种程度上来讲,食物的禁忌同时也是一种思维的约束。

（二）颜色视域下的思维差异

1. 中西方颜色对比

颜色给我们带来五彩斑斓的世界。我们能够感受到这个世界的颜色是因为有光的存在。因为光波照到物体上物体会对光反射,不同物体对七色光的吸收和反射不同导致我们能看到各种颜色。世界并没有所谓的颜色,颜色只是不同频率的光波差异而已。某个频率的光波刺激相应的视神经细胞,这个神经冲动反映到大脑中产生了颜色。所以物体本身本无色,区别是物体对某个频率或某频率范围的光反射的多少及相应的其他频率的光吸收的多少。颜色也是一种大脑思维的体现。

在漫长的历史进化过程中,颜色逐步随着历史的步伐赋予不同的个人体会和民族体会。在中国人的颜色认知中,红色代表热烈,白色代表纯洁,黄色代表活泼,紫色代表优雅,黑色代表沉寂、肃穆和神秘……但是在不同的国家,都存在着一些颜色的禁忌,这种禁忌不仅仅体现在日常生活,更影响着人们的思维和行为习惯。

研究一个国家的主色调,可洞见属于这个国家的思维元素。以中西方建筑装饰为例,中国古代建筑的颜色丰富多彩,或者色调明艳,对比强烈,或者色调和谐,纯朴淡雅。以红色和黄色为皇家建筑的主色调,多数宫殿、坛庙、寺观等建筑物多使用红墙黄瓦,或者红墙绿瓦,檐下使用蓝色和绿色相配的彩画,有时蓝绿之间也加以少数红点,这种暖色和冷色的调和使中国古代建筑显得分外绚丽。在中国古建筑艺术的颜色特征中,琉璃瓦和彩画是很重要的两个部分。

西方的建筑则反其道而行之,西方建筑强调巨大的体量和超然的尺度,以深邃的冷色调来强调建筑艺术的永恒与崇高。不同于中国古代建筑的均衡对称性,西方建筑具有严密的几何性,常常以带有外张感的穹隆和尖塔来渲染房屋的垂直力度,色彩方面以黑色、白色、灰色等冷色系作为建筑的主色调。

以婚礼为例，中国传统中最吉祥的颜色是红色，象征着幸福、喜庆；西方婚礼主色调则为白色，象征纯洁。

2. 颜色禁忌与思维差异

颜色带来的思维体认除了表现在建筑上，更表现在颜色本身的民族禁忌上。以下展示属于颜色的禁忌：在中国，白、黑、灰色不大受欢迎，红黄和鲜艳的色彩则很受欢迎；在日本，黑色被用于丧事，红色被用于举行成人节和庆祝 60 大寿的仪式。日本人喜爱红、白、蓝、橙、黄等色，禁忌黑白相间色、绿色、深灰色；在蒙古，红色象征亲热、幸福和胜利。许多蒙古人喜欢穿红色的蒙古袍，姑娘们爱用红色缎带系头发。黑色被视为不幸和灾祸，故蒙古人不穿黑衣服；泰国人喜爱红、黄色，禁忌褐色；马来西亚当地人认为绿色具有宗教意味，伊斯兰教区的人喜爱绿色，忌用黄色（代表死亡），一般马来西亚人不穿黄色衣服，认为单独使用黑色是消极的，喜欢红、橙及鲜艳的颜色。

综上所述，在东方视域下，比较受人们欢迎的是比较明快的暖色调的饱和色彩，如红色、黄色、橙色等，而不太受欢迎的则是白色、黑色、褐色等相对冷色调的色彩。尤其是黄色，在中国的历史上，只有中国最具有权威的皇帝及皇族才有资格穿黄色的衣服。但是黄色在其他的许多国家都是禁忌颜色，例如，在巴西，人们以棕色为凶色，他们认为，死人好比黄叶飘落，所以忌讳棕黄色。叙利亚忌用黄色，他们认为黄色表示死亡。埃塞俄比亚人喜爱鲜艳明亮的颜色，禁忌黑色，也禁忌宗教象征图案。他们哀悼死者时，穿淡黄色服装，但出门做客是绝对不能穿淡黄色服装的，因为穿淡黄色服装表示对死者的哀悼。

（三）方位视域下的思维差异

在中国几千年历史演变的历程中，中国人形成了"万物备于我""万物与我唯一"的思想，天地之间以人为本，在自给自足、与天为伴的自然经济中，中国人性格更加内敛，注重自身修为，关注内心伦理道德，求同求稳，以"和为贵，忍为高"为处世原则，更加关注"人与天的和谐相处"。

西方的古希腊文明发源于爱琴海沿岸，古希腊的农耕条件差，因此西方文明是商业文明，欧洲人出于交换的目的向外探索，思维更加外向。而且西方国家经过工业革命很早就进入了工业经济时代，"工业文明性格"造就了西方人更加关注自身利益的意识，以独立、自由、平等为处世原则，更加关注"以个人的视角分析世界"。

英国是岛国，四周环海，因此，受到航海业和渔业的影响，其语言和思维也与海有关。

例：to spend money like water（挥金如土），to rest one's oars（暂时歇一歇），to be all at sea（不知所措），to sink or swim（孤注一掷），in the same boat（同舟共济），burn one's boats（破釜沉舟），miss the boat（错过机会；坐失良机），to sail one's own boat（走自己的路）。

英国气候多变使英国人更加关注天气的变化，日久天长，这种对天气变化的关注也会出现在日常的问候中，如英国人经常以天气互致问候："What a lovely day!"或者谈论一下天气情况："Lovely weather, isn't it?"

英国位于西半球，属于海洋性气候，西风之于英国等同于东风之于中国。由此不难理解雪莱所写的古诗《西风颂》（Ode to the West Wind）。由于地理差异，西风和东风在中国和英国视域下完全不同。中国位于东半球，是季风气候。在中国文化中，"东风"即"来自春天的风"，是一个褒义词，它象征着希望和力量。相反，在汉语中，"西风"带有贬义色彩，指的是秋天的风，暗示一些代表下降或令人痛苦的东西。再如，"东宫"一般是太子居住的地方，地位就比皇上低一等，"中宫"是皇后居住的地方，是一国之母的象征，而"西宫"则是妃嫔居住的地方，地位相对较低。

但是，诸多的西方文学作品中都非常讨厌东风，例如："How many winter days have I seen him, standing blue nosed in the snow and east wind!"（许多冬日我都见到他，鼻子冻得发紫，站在飞雪和东风之中！）

同样，不同的地理位置和自然环境也导致不同的表达方式、不同的现象和对象。例如，中国在方位表达上以南为首，因为中国人认为南优于北。一栋建筑或一所房子面朝南方总是在中国文化中意味着幸福和好运。中国历朝历代的皇宫建造均遵循"面南背北"的总体原则。

西方并没有"南方优越性"，西方建筑在建造上没有任何优势方位。在方位词的表达方面，中文表达方向的习惯顺序是"东南西北"，英语却没有这种习惯。

第三节　汉英语言对比研究

任何语言的词语意义都处在"特定的语义构成环境"的参照框架之下，其中包括民族历史文化、心理和观念形态、社会和经济形态及自然环境。这些因素对语义形成一般具有以下二种成因：一是反应式的，即语义产生的对于客体的直接反映，包括大量具有民族特征的神物、器具、服饰、食物、山川、地理等有形的观念，以及社会心理、道德、伦理、典章制度等无形的观念，如英语中的 cheese（奶酪）、fireplace（壁炉）、parliament（议会）等；汉语的芦笙（lusheng）、景泰蓝（cloisonne）、熊猫（panda）等。二是折射式的，即语义产生对于客体的间接反映，如英语中的 vealy（幼稚的，语义来自"veal"即小牛、小牛肉），claim ones pound of flesh（逼债，语出莎士比亚）；汉语中的铁饭碗（a secured job）、饭桶（fat-head）等。

一般说来，英语词义比较灵活，词的含义范围比较宽、比较丰富多变，词义对上下文的依赖较大。汉语词义比较严谨，词的含义范围比较窄、比较精确固定，词义的伸缩性和对上下文的依赖性比较小，独立性比较大。英语中"uncle"一词既可用以指"伯父""叔父"，又可用以指"姑父""姨父""舅父""表叔"和没有什么亲属关系的"大伯""大叔"等；同样，"aunt"一词既可用以指"伯母""婶母"，又可用以指"姨母""姑母""舅母"和没有什么亲属关系的"阿姨"或"大妈"之类。"parent"这个词在英语中可用以指"父亲"，也可用以指"母亲"。例如，I am a young teacher with no experience as a parent, but I have a suggestion for parents. 说这句话的人可以是男的，也可是女的；但在汉语中，说话的人则通常是根据自己的性别说明"没有做父亲"或"没有做母亲"的经验，只是在泛指的场合才说"做父母的经验"。英语被认为是一种适应性、可塑性较强的语言。英语中有一句话："Words do not have meanings, people have meanings for words."（词本无义，义随人生。）人们在特定情况下赋予一个词的任何词义，理所当然地就是这个词的实际词义。

汉语不同于英语。汉语源远流长，有其特殊的民族文化和历史传统，用词讲求词义精确、规范、严谨，历来以词义多流变，戒绝生造词义。孔子在公元前

479 年就提出了"正名"的主张。① 墨子在《墨子·小取》中说："焉摹略万物之
然，论求群言之比，以名举实，以辞抒意，以说出故。"墨子主张名与实必须一致，
反对词义游移迻变，莫衷一是。荀子在《荀子·正名》中提出了著名的"约定俗成"
论，主张正名言实，力倡词义的规范化、社会化。汉语词义的严谨、精确、稳定，
与历代各家所做的规范工作有很大的关系。② 但由于汉语词义比较固定，往往流
于执着、凝滞，确实给翻译带来一定的困难，故而严复有"一名之立，旬月踟蹰"③
之慨。

英语的词义在很大程度上视词的联立关系而定。词的联立关系不同，词的含
义也就不同。就整体而言，汉语同一个词的词义在不同的上下文中的差别就比较
小，一词多义现象远不及英语。例如，英语"story"这个词，汉语的词义是"故
事"。"故事"在现代汉语中是个单义词，而现代英语的"story"在不同的上下文
中可以有许多不同的词义。

①具有"事件""事情""情况""情形"等义，如下所示。

It is quite another story now.（现在情形完全不同了）

②具有"报道""消息""电讯"等义，如下所示。

Last December, *the Post* first reported that probes were being made in each of
those cities, but officials refused to confirm the story.（去年 12 月，《邮报》首先报道
侦查工作已在那些城市里进行，但官员们拒绝证实这条消息。）

以上还不能涵盖"story"这个词在当代英语中常用的全部词义。相比之下，
汉语的词义和稳定性就大得多，含义也窄得多。由此可见，词义辨析是英汉翻译
的基本功，也是翻译理论的基本课题之一，如何辨析词义是翻译工作者最常面临
的难题。

在语言的"特定语义构成环境"参照以外，还有一个更广泛的、共同的"一
般语义构成环境"。因此，奈达坚持认为，各种语言具有等同的表达力。"一种语
言所能表达的事情，必然能用另一种语言来表达。"他认为，人类的共同性多于
差异，在人类经验和表达方式中，都存在一种"共核"。④ 他列举了翻译中如何能

① 孔子. 论语 [M]. 长沙：岳麓书社，2018.

② 荀子. 荀子 [M]. 沈阳：万卷出版有限责任公司，2020.

③ [英] 托马斯·赫胥黎；严复译. 天演论 [M]. 北京：北京联合出版公司，2013.

④ 郭建中. 当代美国翻译理论 [M]. 武汉：湖北教育出版社，2000.

找到同义语的大量事实，以论证自己的观点。最著名的例子，要算是处理"white as snow"（白如雪，雪白）这一英语词语了。他说，世界上有的地方一年到头不下雪，人们也从未见过雪，语言中也没有"雪"这个词，如果照字面直译，就会形成奈达所说的"零位信息"（zero message），那将毫无意义。在这种情况下，奈达提出三种解决办法：如果那里的人们没有见过雪，语言中也没有"雪"这个词，但也许他们那儿有霜，就可以用"霜"来表示"雪"的意思，这样，就可以译成"white as frost"。各种语言之间往往有一些相应的习惯用语，如"白如白鹭毛""白如蘑菇"等，尽管其来源不一样，但其引申意义和喻义是相同或相似的，这样就可用目的语中相应的成语来翻译。如果在目的语中没有相应的成语，那么就可译成"很白"或"非常白"。奈达最常用的例子是英语成语"spring up like mushrooms"。他认为，译成汉语时，完全可以用汉语成语"如雨后春笋"来替代。[①]

上述我们从宏观的角度对英语和汉语的语义特征做了简要的介绍和对比，这些特征和异同将给翻译实践提供原则性指导。从微观上，我们可以将英汉语义之间关系分为以下五种形式。

一、对应式

无论汉语或英语，都处在基本的、共同的"一般语义构成环境"中。因此，词汇中的绝大多数，都可以在双语（多语）中找到对应体。在当今社会，不同民族间的交往越来越深入、频繁，这不仅使不同民族的相互理解不断加深，也使得语言之间的对应式转换具有越来越大的可能性。翻开任何一本汉英字典都可以发现大量的汉英对应体：男子气——manliness，盘香——incense coil，旁白——aside，等等。对应式也称为契合式。

二、涵盖式

此类语义关系的词语亦称为文化含义词（culturally loads words），该词所指的事物或概念在对方语言中是有的，只不过在词义的宽窄方面不完全重合，也就是说只有某种程度的对等。不重合、不对等的部分有大也有小，于是造成了对方的

---

① ［美］尤金 A. 奈达；严久生译. 语言文化与翻译 [M]. 呼和浩特：内蒙古大学出版社，1998.

词汇空缺。这种不重合、不对等的情况大都是由各自社会文化对客观事物和概念的不同切分而造成的。就汉语来说，最为典型的，莫过于亲属词的不重合，例如：哥哥、弟弟（brother）；姐姐、妹妹（sister）；伯母、叔母、姑母、舅母（aunt）等。

这种分类与称谓的不同，是由于中国和英美国家的社会文化不同造成的。中国拥有几千年的封建宗法社会历史，特别重视家庭成员关系，长幼有序，尊卑有别，而英美国家的社会历史比中国短得多，因此根本就没有这种历史关系。由于这种切分归类的不同，从而造成词汇意义的不对等，构成了词汇空缺。

三、交叉式

双语语义交叉指双语某一对应的语义场的涵盖面有重叠（契合）部分，也有交错（非契合）部分。这是一种比较复杂的语义关系，常常要求我们根据语境作细心地甄别，目的是析出契合部分以适应特定语境的需要。

四、替代式

替代式也可以称为"易词而译"，即双语语义一致，但表达上变通。也就是说，力求获得语义上一致，必须放弃表面上的对应，以避免望文生义的错误。汉英之间处于替代式语义关系的词语很多。比如，"妻舅"的表面意义是"wife's uncle"，实际上应该是"wife's brother"（或 brother-in-haw）。这时如果不放弃表面上的语义关系，就会造成"望文生义"。这种"字面相应，语义相悖"关系的词语必须代之以表达同一所指的替代词语。在古汉语中"青天"并不是"blue sky"而是"刚正不阿的判官"（或官员），即"upright and impartial judge/official"。有时语义还涉及褒贬色彩，褒贬不一也不能只看字面关系，造成貌合神离。如"lock the stable after the horse is stolen"与"亡羊补牢"表面上对应，但前者的意义是消极的，而后者的意义是积极的。

五、冲突式

冲突式也被称为"语义相悖"。所谓"冲突"，指原语中的所指在译语中缺少能指。具有此类语义关系的词汇亦称为"文化词语"，因为文化词语所指的是某个民族特有的事物或概念，对方的语言文化中并无对等词，因此一般采用借用等方法直接植入本国语。其具体译法可归纳为以下五种。

（一）全借用法

如英语中的 rage-reservoir-detente 借自法语；pizza、soprano、scherzo 借自意大利语；plaza、peso、llama 借自西班牙语；而 blitzkreig、weltschmerz、Zeitgeist 等则借自德语。此类借用法多见于同一语系的语言之间。

（二）半借用法

如，英语中 serenade 借自法语（保留法语拼写 senerade，但读音已经英语化）；comrade 借自西班牙语（西班牙语 comarade，拼写与读音都略作改动，使之英语化）；而 quartz 借自意大利语（意大利语 cartone，拼写和读音略作改变，使之英语化）；而 quarz 则借自德语（德语 quarz，拼写与读音略作改变，使之英语化）。这种半借用式多见于同一个语系之间，英汉语之间还未见到例子。

（三）音译

非同语系之间的文化词语，在没有创造出合适的新词之前，一般都采用音译的办法。例如，英语已吸收了汉语的 kalin（高岭土）、Kung fu（功夫）等词语，而汉语中来自英语的音译借词也比比皆是，如沙发（sofa）、三明治（sandwich）、咖啡（coffee）、吉普（jeep）、夹克（jacket）、芭蕾（ballet）等。

（四）半音译

由两个以上语素或两个词构成的合成词或复合词，可以一部分采用音译，一部分采用意译而构成半音译借词。如，"teahouse"来自汉语茶馆，其中"tea"为音译，而"house"为意译；而汉语中"迷你裙"则来自英语"miniskirt"，"迷你"是音译，"裙"是意译。

（五）仿译

合成词或复合词可以采取按构成结构全部译意的办法借用。例如，蜜月（honeymoon）、营火（campfire）、蓝领（blue-collar）、篮球（basketball）、黑板（blackboard）、超人（superman）。

第二章 英汉翻译和文化交融

本章的主题是英汉翻译和文化交融，由四节构成：语言、文化与翻译关系辨析，文化差异下的英汉翻译问题，不同文化背景下的翻译，高校英语教学中的文化导入。

第一节 语言、文化与翻译关系辨析

任何一种类型的翻译都和语言、文化息息相关。翻译具有鲜明的符号转换性和文化传播性。翻译作为一项语言和文化的转换活动，它的目的在于实现思想的沟通、视野的开阔，进而推动社会的发展。没有翻译作为媒介，科技的推广和文化的交流都无从谈起。

一、语言、文化、翻译简述

（一）语言简述

1. 语言的本质

（1）《韦氏新世纪词典》的解释

语言的定义是什么？这一问题很难回答。《韦氏新世纪词典》（*Webster's New World Dictionary*）列出了"语言"一词最常用的几个定义，具体如下。

人类语言：通过这一手段进行交际的能力；一种语言和语义相结合的系统，用来表达和交流思想感情；系统的书写形式。

任何一种表达或交流的手段，如手势、标牌或动物的声音；由符号、数字及规则等组合成的一套特殊体系，用来传递信息，类似计算机信息传递。

（2）学者的观点

不同的学者站在不同的角度，对语言的本质问题给予了不同的回答。

从语言与人类精神活动的关系的角度，施坦塔尔（Steinthal）提出，语言是对意识到的、内部的、心理的和精神的运动、状态和关系的有声表达。洪堡特（Humboldt）认为，语言是构成思想的工具。

从语言结构的角度，叶尔姆斯列夫（Louis Hjemslev）认为，语言是纯关系的结构，是不依赖于实际表现的形式或公式。

从语言功能的角度，萨丕尔（Sapir）认为，语言是人类特有的，非本能地利用任意产生的符号体系来表达思想感情和愿望的方法。舒哈特（Schuchardt）认为，语言的本质就在于交际。

从语言的心理和认知基础的角度，索绪尔（Saussure）认为，语言是表达思想的符号体系。乔姆斯基（Chomsky）认为，语言是一种能力，是人脑中的一种特有的机制。[①]

目前，语言学界还没有给语言下一个统一的定义。本书认为，语言最简明、最直接的定义就是"语言是一种交际方式"。

2. 语言的起源

语言的起源指的是人类语言的起源，而不是某一种具体语言的起源。人类很早就开始探寻语言的起源，对此提出了种种猜测和假说，但至今也没有达成一个统一的结论。人们之所以不停止对语言起源的探寻，是因为人类对自身的好奇。人类与语言具有紧密的联系，语言的起源是学者借以推测人类起源的根据。有人认为语言起源于超自然神力，也有人相信语言是人类自身的发明创造。但是因为这些观点都缺乏直接证据，所以只能算作猜想。

（1）早期研究

有人试图通过"科学"实验来探寻语言的起源。据公元前5世纪古希腊历史学家希罗多德（Herodotus）记载，有一位埃及法老希望通过一个实验来确定人类最原始的语言。法老命人将两个新生儿放在一个与世隔绝的山间，由一位仆人喂养，仆人在婴儿面前不得说一个字。法老假设：在没有任何干扰的情况下，儿童

---

① 姚小平. 西方语言学史：从苏格拉底到乔姆斯基 [M]. 北京：外语教学与研究出版社，2018.

会发展出自己的语言，那么它就是人类语言的起源。两个孩子终于开口说话，他们说出的第一个词是一个弗里吉亚语的单词。法老本着"客观"的态度，宣布弗里吉亚语为人类最早的语言。①

（2）关于语言起源的理论

关于语言起源的假说，大致可以分为两个阵营：一是特创论，它认为语言是神力创造并赋予人类；二是进化论，它认为语言是人类进化的结果。以下将重点探讨进化论中几个有代表性的假说。

① "劳动说"

恩格斯提出的"哟嗬论"认为，人类在搭建棚屋、制造工具、觅食等劳动中创造了语言，所以语言产生于劳动。例如，人们在搭建棚屋时可能需要别人"拉"；在制造工具时可能需要嘱咐别人"砸"；在狩猎时可能需要吩咐伙伴"快跑"等。人类发声器官的进化带动了大脑的进化，而大脑的进化又促进了语言的进化。②

② "汪汪论"

德国学者马克斯·缪勒（Max Müeller）提出的"汪汪论"声称，语言起源于人类对自然界声音的模仿。例如，人可能模仿布谷鸟的声音说"布谷"，可能模仿风的声音说"呼呼"，可能模仿鸭子的声音说"嘎嘎"，可能模仿雷的声音说"轰隆隆"，可能模仿雨的声音说"噼里啪啦"。久而久之，这些模仿的声音因重复而固化，最后成为发出那种声音的自然现象或动物的名字。③

客观地说，"汪汪论"较好地解释了拟声词的由来。但是该理论的弊端也是存在的，具体来说有两种：第一，拟声词在语言中的比例很小，并且不能解释非拟声词的由来；第二，假设语言的起源是人类对自然界声音的模仿，那么语言之间应该不存在明显的差别。事实上，对自然界中相同的声音，不同语言用不同的拟声词来模拟。因此，该理论不能恰当地解释这一现象。事实上，绝大多数拟声词都是在某种语言的声音系统的基础上模拟自然界的声音。

---

① 姚小平. 西方语言学史：从苏格拉底到乔姆斯基 [M]. 北京：外语教学与研究出版社，2018.

② 伍铁平. 马克思恩格斯有关语言学的论述和对当代语言研究的意义 [J]. 湖北大学学报（哲学社会科学版），1995（6）：1-10.

③ 万之. 语言有不同的眼睛：缪勒采访录 [J]. 作家，2010（1）：25-27.

③"噗噗论"

"噗噗论"声称，语言起源于人类表达情感的呼号。人类在经历喜、怒、哀、乐等情感时，可能会不自觉地借助呼号来宣泄。例如，人类在遭受疼痛时，可能就会发出"哎哟"声，这也是"哎哟"一词表达疼痛的由来。新的词汇就是这样不断被创造，它们最终形成了语言。这一理论的弊端在于它无法解释不同的语言用不同的声音来表达同一种感受，如感到疼痛时中国人喊"哎哟"，英国人却喊"Ouch"。人们在激烈的情绪下会发出很多复杂的声音，它们大部分没有进入语言。所以，该理论对语言起源的假设不太可能是真的。

④"塔塔论"

"塔塔论"认为，语言起源于发声器官对身体动作的模仿。嘴巴一张一合来模仿手的动作时，就很容易发出"塔塔"声，这就是该理论名称的由来。该理论认为，人类习惯于用舌头、嘴唇和上下颌骨模仿手的动作，声音是这一模仿过程的副产品。该理论猜测，人类祖先可能是用手势配合嘴部动作来进行无声的交流，后来因为嘴部动作发出的声音就足以应付日常交流，于是语言由此而生。

3. 语言的功能

（1）语言的心理学功能

语言的心理学功能是人们用来与客观世界沟通的手段，是人们认知外部世界的心理过程，是内隐的、主观的功能。它可以细分为命名功能、陈述功能、表达功能、认知功能和建模功能五种。

①命名功能

命名功能指的是语言被用作标识事物或事件的手段。赋予个人体验以名称，这是人类的一种强烈的心理需求，这种需求蕴含着重大意义。大部分小孩子对掌握生词都有一种迫切的需求，这一点也就表明了掌握鉴别事物符号的能力的重要性。只有掌握了鉴别事物符号的能力，似乎才算是掌控了这类事物。

②陈述功能

陈述功能指的是语言被用作说明事物或事件之间关系的手段。随着人类文明和社会的发展，仅有命名功能还不足以满足人们的交际需求。现实生活中人、事、物之间总是产生各种隐含或外显的关系，而且人们往往有表达这些关系的需求。于是，人类最初就采用一些主谓句式或者"话题—评述"的功能语法结构等来表达事物之间的关系，从而形成一个个命题。但是通常情况下，一个命题显然无法满足人们交际的需要，于是人们就创造出若干命题，形成了篇章。从此，人类就慢慢学会了表达复杂的命题。

③表达功能

表达功能是指语言被用作表达主观感受的手段。它可以是简单的词语，也可以是短语或完整的句子。它是人们对事物的强烈反应，是人们对生活中喜、怒、哀、乐等情感的表达。

④认知功能

认知功能是指语言被用作思考的手段或媒介，它是语言中最重要的功能。人们的思维活动是以语言为载体进行的，即用语言进行思维。一切复杂的、精密的、抽象的思维都离不开语言。语言帮助人类进行抽象、推理、判断、分析、比较和概括等更高层次的思维，使人类的头脑越来越发达，进而创造出丰富多彩的物质文明和精神文明，构筑灿烂的文化。

⑤建模功能

建模功能是指语言被用作构建反映客观现实的认知图式的手段。随着人类的认知能力和语言表达能力的提高及语言文化的发展，词语开始能提供一种观察世界的图式结构，因此全部词语符号系统就构成了反映大千世界的模型。在这个模型中，词语可分成若干层次，当代语言学称层次在下的词为"下义词"，层次在上的词为"上义词"。最底层的词语指的是具体事物，层次越往上词语所指越广泛。上义词和下义词也是相对而言的，随着新事物的出现，曾经的下义词可以变为上义词。

（2）语言的社会学功能

语言的社会学功能是指语言被用作进行人际沟通的手段。它是人们进行沟通的心理过程，体现的是语言的交际功能，是外显性的、交互性的。语言学家奈达将社会学功能进一步细分为人际功能、信息功能、祈使功能、述行功能、煽情功能5种。

①人际功能

人际功能是指语言被用作维持或改善人际关系的手段。人们为了维持或改善人际关系，会根据场合、身份的不同而采用不同的用语，包括礼仪用语、正式用语、非正式用语等。

②信息功能

信息功能是指语言被用作传递信息的手段。一般来讲，人们在说话时都是在传递某种信息，从而发挥着语言的信息功能。

③祈使功能

祈使功能是指语言被用作发布指令的手段。在语言交际中，人们常常会彼此提醒、告诫、请求等，此时多采用祈使句型。

④述行功能

述行功能是指语言被用作宣布行为或事件的手段。说话人大都是权威人士或代表着权威机构或组织，所用语言也都是十分正式、结构规范的词语和句式。

⑤煽情功能

煽情功能是指语言被用作煽情的手段。在很多情况下，人们运用语言只是想打动听话者的心弦，影响他们的情绪。所用词语的联想意义或内涵意义越是丰富，就越能达到煽情的目的。

语言的 5 种社会学功能在具体运用中是相互联系的。通常，语言会同时涉及几种功能，只是各种功能所占的比例不同。

4. 语言的属性

动物也有语言，人类语言之所以区别于并优于动物的语言，是因为人类语言具有以下 4 种属性。

（1）二层性

二层性是指语言拥有两层结构这种特征，上层结构的单位是由底层结构的元素组成，每层结构又有各自的构成原则。语音本身不传达意义，但是它们相互组合就构成了有意义的单位，如词语。底层单位是无意义的，而上层单位是有意义的，因此语音被视为底层单位，词被视为上层单位，二者是相对而言的。上层单位虽然有意义，却无法进一步分成更小的单位。二层性只存在于人类语言系统中，动物交际系统就没有这种结构特征，所以动物的交际能力受到非常大的限制。语言的二层性特征还使人们注意到语言的等级性。

语言并不是不间断的，为了表达离散的意义，就要有离散的单位，所以要对一门新的语言解码，首先要找到那些单位。音节是最底层的单位，是由多个无意义的语音组成的片段。语言的二层性是"有限手段无限使用"的具体体现，为人类交际提供了大量的资源。大量的词可以组合生成大量的句子，大量的句子又可以生成大量的语篇。因此，语言的二层性使语言具有了强大的生产性。

（2）任意性

索绪尔最早提出语言的任意性，现在已被普遍接受，它是指语言符号的形式和意义之间没有自然的联系。例如，我们无法解释为什么"a dog"（一只狗）读作 /a dɒg/，"a tree"（一棵树）读作 /a triː/。任意性具有不同层次，下面从 3 个方面来具体了解语言的任意性。

①语素音义关系的任意性

拟声词是一种依据对自然声响的模拟而形成的词类。例如，汉语中的"轰隆隆"是模拟打雷的声音而形成的。拟声词的形式很有可能是与生俱来的。此外，同一种声音在汉语和英语中对应不同的拟声词。事实上，任意性与拟声现象可以同时发生，对这一点人们或许还存在一些理解误区。

②句法层次的任意性

所谓句法（syntax），就是指根据语法建构句子的方法。一个英语句子包含多种成分，这些成分的排列要遵循一定的规则，并且小句的前后次序和事件真实的顺序有一定的对应关系。这也就意味着，句子的任意程度低于词语，尤其在涉及真实顺序时。

谈到任意性，必须提到规约性。任意性的对立面就是规约性，语言符号的形式和意义之间的关系是约定俗成的。在学习英语的过程中，教师经常向我们解释"这是习惯用法或者习惯搭配"，这就是约定俗成，即使它听起来有些不合逻辑。任意性带给语言潜在的创造力，而约定性又使学习语言变得困难。

（3）创造性

创造性就是指语言的能产性，它是由二重性和递归性形成的。一个词语只要在用法上做一些变化，便可以表示不同的意义，并且这些创新的用法也能被人接受，此类的例子不胜枚举。而动物的交际系统允许其使用者发送的和接收的信息非常少，并且这些信息都是缺乏新意的。这也就是为什么人类语言具有动物交际系统无法比拟的优越性。人们可以利用语言产生许许多多新的意义。

（4）移位性

移位性是指语言可以使人类谈论与自己处于不同时间和空间的事物。例如，人们可以很自然地说出"昨天风真大"这句话，或者身处北京的说话人说"杭州真的很美"。

有些人已经将语言的这一特征看成理所当然，觉得没什么特别。但是，如果将人类的语言与动物的交流方式进行对比，语言的这一特征就更加清晰了。例如，一只猫会向另一只猫"喵喵"地叫，这是在交流情感和信息，但是人们不会看到一只猫会跟另一只猫谈论不在场的第三只猫习性如何，因为所有动物的语言表达都限于当时当地，具有时空的限制性，只有人类的语言具有突破时空限制的移位性。

（二）文化简述

1. 文化的概念

关于文化的定义，各位学者、专家的观点可谓见仁见智。这里先就其中较有代表性的定义进行分析。

（1）文化一词的来源

古汉语中的"文化"和现在的"文化"有着不同的含义。汉代的《说苑·指武》中第一次记载了该词，指出："文化不改，然后加诛。"[①] 这里的"文化"与"武功"相对，有文治教化的意义，表达的是一种治理社会的方法或主张。

"culture"一词来源于拉丁文"cultura"，是"耕种、居住、保护和崇拜"的意思。它曾经的意思是"犁"，指的是"过程、动作"，后来引申为"培养人的技能、品质"。到了18世纪，该词又进一步转义，表示"整个社会里知识发展的普遍状态"、"心灵的普遍状态与习惯"和"各种艺术的普遍状态"。

（2）近现代学者的见解

英国人类学家爱德华·伯内特·泰勒（Edward Burnett Tylor）对文化所下的定义，可以算作文化定义的起源，是一种经典性的定义，被学术界普遍接受和认同。19世纪70年代，他出版了《原始文化》一书，在该书中他指出，从广泛的民族学意义来讲，文化是一个复合整体，包括知识、信仰、艺术、道德、法律、习俗，以及作为一个社会成员的人所习得的其他一切能力和习惯。[②]

---

① 刘向. 说苑 [M]. 北京：团结出版社，2021.

② 严明. 跨文化交际理论研究 [M]. 哈尔滨：黑龙江大学出版社，2009.

拉里·萨姆瓦（Larry Samovar）等人是研究有关交际问题的学者，他们对文化下的定义概括起来就是：文化是经过前人的努力、积累，而流传下来的知识、经验、信念、宗教及物质财富等的总体。文化暗含在语言、交际行为和日常行为中。

莫兰（Moran）认为文化是人类群体不断演变的生活方式，包含一套共有的生活实践体系，这一体系基于一套共有的世界观念，关系到一系列共有的文化产品，并置于特定的社会情境之中。其中，文化产品是文化的物理层面，是由文化社群及文化个体创造或采纳的文化实体；文化个体的所有文化实践行为都是在特定的文化社群中发生的；文化社群包括社会环境和群体。[①]

美国社会学家伊恩·罗伯逊（Ian Robertson）从社会学的角度对文化做了界定，他认为文化包括大家享有的物质的和非物质的全部人类社会产品。[②]

《辞海》指出，广义的文化是指人类社会历史实践过程中所创造的物质财富及精神财富的总和；狭义的文化是指社会的意识形态和与之相适应的制度及组织机构。

张岱年和程宜山指出，文化是人类在处理其与客观现实的关系时所采取的行为和思维方式及其所创造出来的一切成果，是活动方式与活动成果的辩证统一。[③]

金惠康指出，文化是生产方式、生活方式、价值观念及社会准则等构成的复合体。[④]

总的来讲，文化可以分为广义和狭义两种类型，具体含义如下。

广义的文化是人类从事物质生产活动和精神生产活动时所创造的一切成果。从这个意义上讲，文化实际是人类通过改造自然和社会而逐步实现自身价值观念的过程。

狭义的文化是指精神创造活动及其结果。美国《哥伦比亚百科全书》指出，文化是在社会中习得的一整套价值观、信念规范和行为规则。

---

① 侯贺英，陈曦. 文化体验理论对文化教学的启发 [J]. 时代经贸，2012（2）：1.
② 闫文培. 全球化语境下的中西文化及语言对比 [M]. 北京：科学出版社，2007.
③ 闫文培. 全球化语境下的中西文化及语言对比 [M]. 北京：科学出版社，2007.
④ 金惠康. 跨文化交际翻译续编 [M]. 北京：中国对外翻译出版公司，2003.

2. 文化的特征

（1）动态性

文化的稳定性是相对的，而可变性是绝对的。文化的可变性具有内在和外在两种原因。

文化可变性的内在原因：文化是为了满足人类生存需要而采取的手段，文化随着生存条件的变化而变化。在人类文化史中，因为科技的发展导致人们思想和行为发生变化，所以重大的发明和发现都推动着文化的变迁。

文化可变性的外在原因：文化传播或者文化碰撞可能使得文化内部要素发生"量"的变化，"量"的变化也可能促使"质"的变化。社会的发展及国家、民族之间在经济和政治方面的频繁沟通、交流，都使文化不断碰撞直至发生变化。例如，佛教的传入使中国传统文化发生变化；儒家思想等也使东南亚文化发生变化。

物质形态的文化比精神形态的文化变化得更快、更多。例如，发生在衣、食、住、行等方面的变化要比信仰、价值观等方面的变化更加明显。随着改革开放的不断推进，人们的衣、食、住、行等"硬件"都发生了巨大的变化，但是"软件"方面的变化并不明显。文化定式必然导致价值观念、认知模式、生活形态等方面的差异，如果交际双方不能理解对方的文化，就会导致交际冲突。

（2）民族性

文化植根于人类社会，而人类社会以聚居的民族为区分单位，因此文化也是植根于民族的机体。文化的疆界一般和民族的疆界一致，民族不仅具有体貌特征，还具有文化特征。例如，同为上古文明，古希腊、古印度、古埃及和古代中国的文化各有独特性；同为当代发达国家，日本和美国、欧洲就存在着文化差异。当一个社会容纳着众多民族时，就不可能保持文化的完全一致，其中必定包括一些互有差异的亚文化，使得大传统下各具特色的小传统得以形成。于是在民族文化的大范围内，多种区域性文化常常同时并存。

（3）选择性

每一种特定文化只会选择对自己有意义的规则，所以人们所遵循的行为规则是有限的。这一特点导致出现了群体或民族中心主义，它对跨文化交际来说十分重要。群体或民族中心主义是人类在交际过程中的普遍现象，人们会无意识地以自己的文化作为解释和评价别人行为的标准。值得注意的是，群体或民族中心主义会导致交际失误，达到一定程度时会带来文化冲突。

3. 文化的分类

（1）从表现形式的角度

按照表现形式，可将文化分为物质文化、制度文化和精神文化，这也是当今比较流行的"文化三分法"。

物质文化是人类在社会实践中的物质生产活动及产品的总和。物质文化是文化的基础部分，它以满足人类最基本的衣、食、住、行等生存需要为目标，为人类适应和改造环境提供物质装备。物质文化直接对自然界进行利用与改造，并最终以物质实体反映出来。

制度文化是指人类在社会实践中建立的各种社会规章制度、法规、组织形式等。人类之所以高于动物，其根本原因在于人类在创造物质财富的同时，创造了一个服务于自己又约束自己的社会环境，创造出一系列用以调节内部关系，从而更有效地应对客观世界的组织手段。

精神文化是指文化的意识形态部分，它是人类认识世界中的关系和完善自己的一种知识上的措施，包括价值观、文学、哲学、道德、伦理、习俗、艺术、宗教信仰等。精神文化是由人类在长期的社会实践活动和意识活动中孕育出来的，因此也称为观念文化，它是文化的精神内核。

（2）从内涵的角度

从文化的内涵特点出发，可将其分为知识文化和交际文化。

所谓知识文化，涉的是跨文化交际中没有表现出直接影响的文化知识，主要表现为一定的物质形式，如实物存在、艺术品、文物古迹等。交际文化主要是指在跨文化交际中有直接影响的文化信息，以非物质为主要表现形式。显然，在知识文化和交际文化中，交际文化是需要学者密切研究和关注的重点。而在交际文化中，对内隐交际文化的研究又显得更为重要。因为只有深入研究不易察觉的、较为隐含的内隐交际文化，了解和把握交际对方的价值取向、心理结构、情感特征等，才能满足深层次交往的需要，如政治外交、商务往来、学术交流等。在交际文化中，生活方式、社会习俗等属于外显交际文化，易于察觉和把握；而诸如世界观、价值观、人生观、思维方式、民族个性特征等则属于内隐交际文化，它们往往不易察觉和把握，但更为重要。

（3）从层次的角度

按照层次的高低，可将文化分为高层文化、深层文化和民间文化。

所谓高层文化，又称"精英文化"，是指相对来说较为高雅的文化内涵，如哲学、历史、文学、艺术等。深层文化又称为"背景文化"，它指那些隐而不露，但起到指导作用和决定作用的文化内涵，如价值取向、世界观、态度情感、思维模式、心理结构等。可见，深层文化与前述所提及的内隐交际文化相当。而民间文化又称"通俗文化"，是指那些与人们生活密切相关的文化内涵，如生活方式、风俗习惯、社交准则等。

（4）从价值体系和地位的角度

按照价值体系的差异与社会势力的强弱，可以将文化分为主文化与亚文化。主文化与亚文化反映的是同一个政治共同体内的文化价值差异与社会分化状况。

所谓主文化，是在社会上占主导地位的，并被认为应该为人们所普遍接受的文化。主文化在共同体内被认为具有最充分的合理性和合法性。具体来说，主文化包括三个子概念：侧重权力支配关系的主导文化，强调占据文化整体的主要部分的主体文化，以及表示一个时期产生主要影响、代表时代主要趋势的主流文化。其中，主导文化是在权力捍卫下的文化；主体文化是由长期的社会过程造就的；而主流文化是当前社会的思想潮流。

亚文化又称为"副文化"，它是仅为社会上一部分成员所接受的或为某一社会群体所特有的文化。可见，亚文化包含的价值观与行为方式有别于主文化，在文化权力关系中处于从属地位，在文化整体中占据次要的部分。亚文化又有休闲亚文化、校园亚文化、宗教亚文化等之分。一般来说，亚文化不与主文化相抵触或对抗。但是，当一种亚文化在性质上发展到与主文化对立的时候，它就成了一种反文化。正如文化不一定是积极先进的一样，反文化也不一定是消极落后的。有时文化与反文化之间只是一种不同审美情趣的对立。在一定条件下，文化与反文化还可以相互转化。

（5）从文化对语境依赖程度的角度

按照文化对语境依赖程度的不同，可以将文化分为高语境文化和低语境文化。语言是人类交流最主要的工具，而人们的交流总是在特定的语境中进行的。关于语言与语境的关系，美国学者、人类学家爱德华·霍尔（Edward Hall）认为，人类的每一次交流总是包含两个方面：一是文本（text），二是语境（context）。

　　据此，在不同的文化中，人们通过语境进行交际的方式及程度就存在着差异，而这种差异制约着交际的顺利进行。也正是根据这种差异，霍尔将文化分为高语境文化和低语境文化。高语境的交际或信息意味着，大多数信息存在于自然环境中或者交际者的头脑里，只有极少数是以符号代码的形式进行传递。而低语境的交际则正好相反，大量的信息借助符号代码来传递。

　　进一步说，高语境文化是指对语境的依赖程度较高、主要借助非语言符号进行交际的文化；低语境是指对语境的依赖程度较低、主要借助语言符号进行交际的文化。霍尔认为，中国、日本、韩国等国家属于高语境文化，他们在生活体验、信息网络等方面几乎是同质的。而美国、瑞士、德国等国家则属于低语境文化，他们之间的异质性较大。

　　低语境文化与高语境文化的成员在交际时易发生冲突。相对于高语境文化来说，语言信息在低语境文化内显得更为重要。处于低语境文化的成员在进行交际时，要求或期待对方的语言表达要尽可能清晰、明确，否则他们就会因信息模棱两可而产生困惑。而高语境文化的成员往往认为事实胜于雄辩，有时一切可尽在不言中。如果低语境文化的人有困惑之处，他们就会再三询问，这时高语境文化的人常常会感到不耐烦甚至恼怒，从而产生误解。

　　高语境文化与低语境文化之间还涉及信息转换的过程。具体来说，高语境文化中的文本信息可以轻松地转换成低语境文化的文本信息，但高语境文化中大部分语境信息很难转换成低语境文化中的语境信息，而是需要借助于低语境文化的文本信息来弥补。

　　（6）从民族文化比较的角度

　　根据不同民族文化的比较，还可将文化分为评比性文化与非评比性文化。

　　评比性文化是指有明显优劣、高下之分的文化。因此，它是比较容易鉴别价值的文化，人们对它的态度也较为明显。例如，和平文化是一种优秀性文化，而暴力文化是一种劣性文化；文化中的先进科技等为优性文化，而吸毒等则为劣性文化等。

　　非评比性文化也就是中性文化，它是指没有明显的优劣或高下之分的文化。非评比性文化一般与人们的行为方式、风俗习惯、审美情趣等相联系，如行为方式、玩笑方式、禁忌等。例如，中国人习惯用筷子，西方人习惯用刀叉，有人说使用筷子有利于人脑发展，也有人说使用刀叉简单。这些观点并无对错，也无优劣、高下之分。承认并尊重非评比性文化，意味着承认各民族之间的平等，赞同各民族之间的文化差异。

4. 文化的功能

（1）人生于世的基本需求

文化已经渗透到生活的每个角落，成了人类的基本生活需求。马利诺夫斯基认为，文化到现在已经成为满足人们三种需求的主要手段：基本需求、派生需求和综合需求。这些需求的满足方式受到文化差异的影响，但是归根到底人们求助于文化是想要正常而健康地存活下去。

（2）为人处世的一面镜子

从人们来到这个世界开始，文化就为他们提供了行为模式，来引导人们使其行为举止符合特定文化的行为准则。有了文化的熏陶，人们才会逐步形成本文化的思维模式，并遵循一定的社会习俗、生活方式及交往方式，从而能够在特定的文化中自由存在。失去了文化的引导，人们会觉得与他人的交往无法顺利进行，整个社会也会变得无序而凌乱。文化能教会我们利用人类历经无数年的进化而积累起来的智慧，与他人、社会、自然和谐地相处，从而健康、顺利地向前发展。

（3）认识世界的锐利武器

文化能够帮助我们正确地认识世界，以及解决与文化相关的问题。文化的存在有其必然性，因为它使人们清楚地认知和了解身处的环境。只有充分认识周围环境，才能以恰当的方式与他人、社会和自然交往，从而顺利地生存。

5. 中西文化的渊源

在全球化语境下，中西文化的激烈冲击与碰撞非常频繁。要想把握好世界文化，必须从源头上进行中西文化比较。文化的最初生成是由自然环境和生存方式决定的，因此只有认识中西方经济、政治、文化初态，才能理解两大文明。

（1）经济初态：农耕文明与商业文明

中国文化起源于大河，西方文化起源于海洋。地方的自然类型影响着人们文化的类型。

①大河与农耕文明

考古学证实，黄河中下游的仰韶文化是中华文化的早期形态。所以，黄河被称为中华民族的母亲河，其在政治和文化上的影响也十分重要。幅员辽阔、腹地纵深、地貌多元、河流纵横的自然基础，使得中华文化成为多元、多民族文化融合凝聚的产物。

大江大河决定着中华文化的孕育。黑龙江、松花江、辽河、黄河、长江等各大流域，都有温暖湿润的冲积平原，很早就萌发了初期的农业文明。毕竟农业生产力比游牧业生产力有更加明显的优势，以"和"为基本精神的农耕文化有很强的同化力。魏晋南北朝时期，五胡所建民族政权深受胡汉融合的影响，以汉儒家文化作为建国的指导思想，遵循汉族的礼仪官制。胡汉融合带来了夷夏观念的变化及汉胡文化的进一步交融。正是农耕文明与游牧文明的互动推动着中国文化的不断发展。中国大部分生活在农耕区域，所以总体上以农耕文明为主导。

农业立国是中国历代封建统治者的指导思想。社稷崇拜，"社"指土地神，"稷"指五谷神，合起来代指祭祀，古时祭祀是国家的大事，所以"社稷"渐渐成为国家的代名词。中国传统观念认为，没有社稷就没有皇帝的江山。所以，中国长期实行重农抑商政策，阻碍了资本主义经济萌芽的发展，在整个中国古代社会，小农经济始终在中国封建经济中占主导地位。农耕文明必然影响人们的生存方式，生存方式必然影响人们的思维方式、价值取向及中国人的民族文化性格。

②海洋与商业文明

古希腊是欧洲精神的故乡，西方文明的发祥在地中海东部爱琴海的克里特岛上。距今约八千年，克里特岛进入新石器时代，有了初期的农耕和畜牧业。公元前3000年左右，农牧业生产力有了很大发展，但岛上土地越来越有限，迫使人们以捕鱼为生，同时从事海上贸易。特殊的地理环境使得他们不得不大力发展海上势力，航海业是克里特人经济活动中一种最重要的行业。不幸的是，克里特文明突然没落，但是克里特人与内陆的希腊诸城邦一直保持密切的联系，克里特的成就又留给希腊，希腊自此开始了自己的发展。希腊多山多岛、地形崎岖、土地贫瘠、冬季湿润、夏季干热，不适合农业耕作；但由于海陆交错，港口林立且海流助航，周边亚、非、欧大陆环绕着爱琴海，十分有利于航海经商。于是，航海、经商、做工成为平民的重要谋生手段。

生存方式不同，形成了西方特色的思维方式、价值取向和民族文化性格。

（2）政治初态：臣民家国与公民城邦

政治是在社会利益多元下，多元利益主体维护自身利益的特定行为及由此结成的特定关系。

①中国政治初态——臣民家国社会

中国因幅员辽阔，农民聚族而居，男耕女织的自给自足小农经济形成了以血缘家庭为纽带的中国传统社会结构，血缘与地缘结合成为家国臣民社会的政治基础。在古代中国，中国人是群体生存的，社会结构是团粒状的。在这种团粒结构中，个人独立地位丧失，只是家庭的、国家的臣民。中国社会是伦理化的社会，即人际情谊关系化，起于家庭，又不止于家庭，全社会互相扶持。在经济方面，没有个人独立的财产，"别居异财"被认为是不孝的体现，"同居共财"才是家庭和睦的象征。

②西方政治初态——公民城邦社会

在古希腊，相对集中的商品生产与经营打破了家庭独立生产体制，大批海外移民使血缘氏族社会解体比较彻底，个人取得独立的经济、政治地位，商品经济诱发了平等、民主意识，是一种单一结构社会。城邦的本质就是许多分子的集合。以地缘政治为基础的希腊城邦公民社会，成为奴隶主阶级民主政治的基础。民主政治的政权是在全体公民手中，而不是在少数人手中。解决私人争执的时候，每个人在法律上都是平等的。正因为政治生活是自由而开放的，因此彼此之间的日常生活也是这样。在希腊思想史上，城邦的出现是一个具有决定性的事件，但是城邦经历了许多阶段和各种不同的形式。希腊社会与东方社会的根本区别在于城邦生活。希腊人城邦生活的独特之处在于"话语权"。也只有在希腊城邦，所有城邦公民才可以自由地参与公共生活，自由地表达自己的观点。城邦生活的另一个特征是——那些组成城邦的公民，不论他们的出身、地位和职务有多么不同，从某种意义上讲都是同类人。这种相同性是城邦统一的基础，只有"同类人"才能结合成为一个共同体。所以这里人与人的关系便表现为一种相互可逆的形式，取代了服从与统治的等级关系。

（3）文化初态：阴阳思维与因果思维

将中国文明和欧洲文明进行比较，会发现中国文化和希腊文化有很多重合的地方，但欧洲文明中还包括另外两个元素：犹太教和科学。古代中国人没有宗教和科学，因为它们属于深层文化范畴，与民族的思维方式有关。中国早期是阴阳意象思维，只关心现象世界是具体"怎么样"，是经验感性的思维。西方早期是因果逻辑思维，更关心现象世界的背后究竟"是什么"，是超理性的思维。

综上所述，由于自然条件、生存方式不同，中国形成了农业社会、臣民家国的专制政治模式、阴阳五行的意象思维方式，以及功利意识较强的文化性格；西方形成了商业社会，形成了公民城邦的民主政治模式，形成了因果逻辑思维方式。随着历史的发展，以及东学西渐、西学东渐，中西文化仍在不断沟通和融合。

（三）翻译简述

1. 翻译的定义

翻译究竟是什么？这是一个见仁见智的问题。国内外众多专家学者都对"翻译"下了定义，下面将介绍其中较具代表性的几种。

（1）国外学者的定义

塞缪尔·约翰逊（Samuel Johnson）这样来定义翻译："To translate is to change into another language, retaining as much of the sense as one can."[1]（翻译就是把一种语言译成另一种语，并尽量保存原意。）

英国著名翻译理论家卡特福特（Catford）认为，翻译是用译语的等值文本材料去替换源语的文本材料。[2]

苏联翻译理论家费道罗夫（Fedorov）认为，一种语言的内容和形式在高度统一的基础上传达着某些信息，翻译就是用另外一种语言将这些信息传达出来。[3]

（2）国内学者的定义

张今认为，翻译是用来沟通两个语言社会的手段，它要把原作中描述的现实世界的映像，完整地用另一种语言再现出来，从而达到促进本语言社会的政治、经济和文化进步的目的。[4]

依据王克非的观点，翻译是一种文化活动，涉及用一种语言文字表达另一种语言文字的内涵。[5]

---

① 何江波. 英语翻译理论与实践教程 [M]. 长沙：湖南大学出版社，2010.
② 何江波. 英语翻译理论与实践教程 [M]. 长沙：湖南大学出版社，2010.
③ 何江波. 英语翻译理论与实践教程 [M]. 长沙：湖南大学出版社，2010.
④ 张今. 文学翻译原理 [M]. 开封：河南大学出版社，1987.
⑤ 王克非. 双语语料库研制与应用新论 [M]. 上海：上海外语教育出版社，2020.

张培基认为，翻译是准确而完整地用一种语言重新表述另一种语言的内容。[①]

2. 翻译的过程

翻译的过程是正确理解原文和创造性地用另一种语言再现原文的过程，其包括理解、表达和校核三个阶段。在翻译过程中，理解与表达互相联系、往返反复，因此不能截然分开。理解是表达的前提，没有正确的理解就没有确切的表达。当译者在理解的时候，他有意识或无意识地在选择表达手段；当译者在表达的时候，他又进一步加深了理解。无论是哪种语言之间的翻译，都需要反复推敲一个句子、一个段落、一篇文章的处理方法。

（1）理解阶段

译者通过分析原文的上下文来达到正确的理解，也必须据此来探求正确译法。要想实现确切的翻译，必须透彻地理解原文。

（2）表达阶段

在表达阶段，译者需要将自己对原文内容的理解用另一种语言重新表达出来。理解深刻地影响着表达，但理解正确并不一定能够保证表达正确，因为表达包括以下 3 种方法。

①直译

直译，不等于一字一字地死译或硬译，而是要保持原文的内容、形式和风格等。直译法不仅有助于保持原文的风格，而且有助于引进外国的一些新鲜词语、句法结构和表达方式，进而丰富、完善源语语言。例如，"连锁反应"就是"chain reaction"的直译。

②意译

每一种语言在词汇、句法结构和表达方式上都会存在一些不同点，当原文内容与译文的表达形式不一致，意译是一种比较理想的选择。

在我国翻译界，关于直译法和意译法的争论已经存在了几十年。对于直译和意译，二者运用的时机不同。如果不注意使用条件，直译就会变成死译或硬译；意译就会变成随意发挥的乱译。

③直译和意译相结合

要灵活采取不同的翻译手段，实现直译和意译真正的用途。二者并不矛盾，

---

① 张培基. 英汉翻译教程修订本 [M]. 上海：上海外语教育出版社，2009.

都是为了准确再现原文的内容和形式。有的学者认为，一部优秀的翻译作品总是体现着直译和意译的结合。

（3）校核阶段

在校核阶段，译者要进一步核实原文内容并且推敲译文语言。然而，无论在翻译时如何小心谨慎，都难免会有漏译或误译的地方。因此，校核就显得非常必要。校核的内容如下：

①译文是否存在人名、地名、数字、日期等方面的错误。

②检查译文中词语、句子、段落等方面出现的错误并进行修改。

③检查译文中是否有冷僻的词汇或陈腔滥调并尽量加以修改。

通常校核两遍。第一遍着重校核内容，第二遍着重润饰文字。如果时间允许，再把已校核两遍的译文对照原文通读一遍，做最后一次的检查、修改，务必在解决所有问题后再定稿。

3. 翻译的标准

翻译的标准是翻译实践的准绳和衡量译文水平高低的尺度。关于翻译的标准，不同的学者可能有不同的观点。本书认为，忠实应该是翻译的唯一标准，这包括功能和文体上的忠实。下面就进行具体的分析。

（1）功能的忠实

功能上的忠实，就是原文有什么样的功能，其译作也应该呈现这种功能。英国著名的翻译家、翻译理论家纽马克（Newmark）认为语言具备六种翻译的功能：表情功能，主要是表达发话人的思想；信息功能，主要是对语言之外现实世界的反映；祈使功能，是使读者根据文本做出的反应；美感功能，是使感官愉悦；应酬功能，是使交际者之间保持接触的关系；元语功能，是语言对自身功能及特点的解释。[①] 因此，译者必须弄清楚原文的功能，这样才能使译文忠实于原文的功能。例如，中国人在见面寒暄的时候问"你吃了吗？"并不是想要知道对方吃饭了没有，而是一种客套，在翻译的时候并不能翻译成"Have you had your meal？"这样就会失去原文的功能，应该翻译成"Hello"或者"Good morning"等。

---

① 彼得·纽马克. 翻译问题探讨 [M]. 上海：上海外语教育出版社，2001.

（2）文体的忠实

文体不同，对忠实性的要求也就不相同。对于文学翻译和应用文翻译，忠实性要求再现原文的风格。

①文学翻译要求再现原作的风格

只有这样，译文读者才可以获得和原文读者同样愉悦的感受。必须注意的是，译者应该用符合译语的自然的语言来对原作品进行再现。

例：Sweet and low, sweet and low, wind of the western sea; low, low, breathe and blow, wind of the western sea.

译文 1：西边海上的风啊，又甜又轻，又甜又轻；西边海上的风呀，一边呼吸一边吹着，很轻，很轻。

译文 2：西边海上的风啊，你多么轻柔，多么安详；西边海上的风啊，你轻轻地吹吧，轻轻地唱。

在原句中，诗人运用了重复、头韵、联珠等修辞格式。所以，译文应该展现出原文表达的音、意、形的美。将两句译文进行对比，很明显第二句译文就较好。

②应用文翻译的格式转换

在应用文的翻译中，原文如果是比较正式的，那么翻译成目的语的时候应该转换成译语中相应的格式。

例：张先生及夫人：

谨定于 2015 年 6 月 1 日星期六晚 7 时举行晚宴，敬请张先生及夫人光临。

地址：北京市西城区虎坊路 166 号请回复

邀请人：李丽

邀请时间：2015 年 2 月 26 日

译文 1：

Dear Mr.and Mrs.Zhang, This is to invite you to the dinner party on Saturday, June 1, 2015 at 7:00 p.m.

Looking forward to your coming.

Address: 166, HuFang Road, Xicheng district, BeijingR.S.V.P.

Sincerely yours,

Lili

译文 2:

Mrs.Lili

Request the pleasure of the company of Mr.and Mrs.Zhang

At dinner on Saturday, June 1，2015 at 7:00 p.m.at 166, HuFang Road, Xicheng district, Beijing.

R.S.V.P.

第一篇译文传达出了原文的意思，但是并没有兼顾文体，因此显得过于随便。而第二个译文就是符合原作要求的，展示了其正式性。

4. 翻译的价值

要研究翻译，不能回避翻译"何用"的问题。要回答翻译"何用"的问题，需要思考以下三个方面的因素。首先，翻译之"用"的探讨建立在翻译观的基础之上。不同的翻译观，就会导致对翻译之"用"的不同定位。其次，翻译之"用"的探讨必须依据历史事实。当思考某一个历史时期的翻译现象时，要以对翻译事实的科学分析为依据。最后，对翻译之"用"的探讨不能局限于某一时期的一件事，而应该采用发展和辩证的眼光。下面将从翻译观出发，系统地探讨翻译的理想作用与实际影响，进而阐明翻译的价值。

（1）翻译的社会价值

翻译活动的社会性体现了翻译的社会价值，也就是说翻译推动着社会的交流与发展，翻译对社会发展的推动力需要从源头来进行分析。

①廖七一的观点

廖七一曾在《当代英国翻译理论》中说过，翻译在原始部落的亲善交往、文艺复兴时期的古代典籍的传播及现在的跨文化交际中，都扮演着无法替代的角色。[①]翻译活动有着悠久的历史、广泛的领域、丰富的形式，这也为翻译发挥起作用提供了客观条件。从本质上说，翻译所起的一种作用是沟通人类的心灵。翻译为克服因语言差异带来的交际障碍，提供了新的解决路径。翻译在给人类带来物质财富的同时，还带来了精神财富。翻译是人类社会交流文明成果的重要手段。因此，没有旨在沟通人类心灵的翻译活动，人类社会就不会像今天这样发达。

---

① 廖七一. 当代英国翻译理论 [M]. 武汉：湖北教育出版社，2001.

②邹振环的观点

邹振环在《影响中国近代社会的一百种译作》一书中，具体论述了翻译对中国近代社会的影响和推动作用。他认为，翻译的交际性对社会有一种推动力。交流是理解的基础，理解是使世界各民族从狭隘走向包容的原动力。[①]

③鲁迅的观点

翻译对社会的推动力，还体现在翻译影响着民族精神和思维。在 20 世纪的中国，鲁迅对翻译事业作出了杰出的贡献。他引进了外国的新思想和精神生活，以此对国人进行了启蒙教育。他在翻译上表现出以下两个特点。

第一，他对弱小民族的精神生活、思想行动尤为关注。他认为中国还是属于被压迫的民族，因此被压迫民族的作品对中国读者有一定的借鉴意义，能激发中华民族的斗志。所以当其早年生活在日本时，就不断将被压迫民族的作品译介给中国读者。

第二，他希望通过翻译改造汉语，从而最终改造中国人的思维方式。这两个特点在本质上是相通的，翻译对精神和思维的塑造有着直接的影响，而精神和思维的塑造是推动社会变革的基本力量。[②]

（2）翻译的文化价值

因为文化的丰富关系到文明的进步，所以翻译对于世界文明的发展也起着重要的作用。在分析翻译的社会价值时，就涉及翻译的文化价值。季羡林认为，无论是在一个国家或民族内，还是在众多的国家或民族间，只要语言文字存在差异，就有翻译存在的必要。翻译是因人类相互交流的需要而出现的，所以翻译可以被理解为一种人类的跨文化交际活动。依据这一定位，翻译在人类文化发展中的作用就变得非常明确了。季羡林将文化的发展分为诞生、成长、繁荣、衰竭和消逝等五个阶段。从这一点可以看出任何文化都不是永恒的，那么人们就会思考中国文化能成为例外的原因，普遍认为是翻译的原因。中国文化犹如一条长河，有水满的时候，也有水少的时候，然而因其不断地有新水注入，所以从未枯竭。注入的次数大大小小是颇多的，最大的有两次，一次是从印度来的水，一次是从西方来的水，而这两次的注水都是依托于翻译。

① 傅勇林. 华西语文学刊：第七辑 [M]. 成都：四川文艺出版社，2012.
② 朱俊涛，张允. 鲁迅与曼塔利的翻译思想刍议 [J]. 作家天地，2022（31）：138-140.

　　一个民族的文化是不断创造、不断积累的结果，而翻译就是促使这种结果产生的力量。一个民族有自己的文化传统，而不同时代会赋予传统以新的意义与内涵，语内翻译是对文化传统的一种丰富，是民族文化得以延续的一种保证。一个民族想要寻求发展，必须从封闭走向开放。无论自己多么辉煌和精彩，都需要与其他文化进行交流，在不断的碰撞中逐渐达成相互理解、交融。从文化交流与建设这个维度上看，翻译与民族的交往共生，与文化的互动同在。

　　（3）翻译的语言价值

　　翻译就其形式而言是一种符号转换活动，因此符号的转换性成为翻译活动的一种特性。梁启超在《翻译文学与佛典》中，从词语的吸收与创造、语法、文化之变化等方面，讨论了佛经翻译文学对汉语的直接影响。他认为，当源语中表达新事物、新观念的名词，在目的语中没有对应的词语时，译者可以采取两种方法：一是袭用旧名，二是创造新语。袭用旧名，有可能因为失真而使得翻译失去了作用，于是创造新语便成了译者青睐的一个选择。[①]

　　（4）翻译的创造价值

　　从社会层面上来说，任何社会活动都建立在交流的基础之上，而交流带来的思想解放就是创造的基础。从文化层面上来说，在翻译中引进的所有"异质"因素，都具有创新的作用。从语言层面上来说，翻译只有进行大胆的创造，才能真正引进新事物、新观念。翻译给予原文新面貌、新活力、新生命，使其以新形式面对新的文化与读者。值得一提的是，任何创造都是继承与创新的过程。这种在与"异"的交流、碰撞与融合中丰富自身的创造精神就是翻译精神，它是构成翻译创造功能的源泉。

　　（5）翻译的历史价值

　　翻译的历史价值体现在以下两个方面。

　　第一，经过对人类文明发展史的研究和分析可知，翻译在历史的推进中扮演着重要的角色。每一次重大的文化复兴都伴随着翻译的高潮，如古希腊、古罗马、加洛林王朝的文化复兴，以及15世纪至16世纪的文艺复兴，往往以翻译为先锋。

　　第二，翻译有其不可避免的历史局限性，因为翻译不是一个译者一次就能彻

---

　　① 朱志瑜，张旭，黄立波. 中国传统译论文献汇编：六卷本 [M]. 北京：商务印书馆，2020.

底完成的，尤其是那些个性突出的艺术作品，往往需要许多时代的译者的共同智慧。翻译活动所能达到的交流思想的程度是变化的，因为翻译活动受到人类的认知和理解能力的制约，但这种制约会随着人类历史的发展而不断减少。

综上所述，翻译的社会价值重视交流，翻译的文化价值重视传承，翻译的语言价值重视沟通，翻译的创造价值重视创造，而翻译的历史价值重视展。交流、传承、沟通、创造与发展这五个方面也恰好构成了翻译的本质价值所在，它们也是翻译精神的综合体现。

二、语言与文化的关系

（一）语言对于文化

1.语言是文化的载体

语言对文化的影响巨大。思维是建立在文化的基础之上的，而思维又是以语言为唯一载体的，所以语言不仅体现着文化，也极大地影响着文化。在思维的前提下，人类才会培养出自己的世界观、人生观和价值观等一系列文化要素。而且语言对人类思维的质量也有一定影响，从而影响文化的发展。语言记录并传播着文化。语言让文化在同代人及不同代人之间传承。

文化的载体具有多样性，而且文化与载体之间是相互渗透、相互依存的。语言作为文化最重要的一种载体，起到长久保存文化知识的作用。语言见证并记载着文化的演变，是调查民族文化的宝贵途径。语言研究，可以使人们了解思想观念的继承、意识形态的演变及思维模式的延续。有了语言的产生和发展，才有了文化的产生和传承。没有语言的文化，或者没有文化的语言，都是不可能存在的。同时，文化又时刻影响着语言，使语言为了适应文化的发展而不断精确化。语言承载着文化，文化蕴含着丰富的语言要素。除了语言以外，文学、艺术、建筑等都是文化的载体。语言之所以是文化最重要的载体，主要有以下六个原因。

第一，语言反映了语言运用者的知识文化。人类借助文字将各民族的知识文化记载下来，传于后世。

第二，语言反映了语言运用者所处社会的生产力水平和生产关系。

第三，语言反映了语言运用者的生活方式和行为准则。

第四，语言是人类思维的载体。语言是人类自身的一个组成部分，它浸润于人类的思维及观察世界的方式之中。

第五，语言反映了语言运用者的思维模式和思维内容。

第六，语言反映了语言运用者的情绪模式和情感指向。

2. 语言是文化的风向标

语言在一定程度上引导着文化。因为语言可以引导人们了解某种文化认识外部世界的方式，而且不同的文化由于面对不同的客观现实，会创造出不同的语言。人类的语言与文化身份之间并不是一一对应的，但语言却敏锐地反映着个人与特定社会之间的关系。在不同的历史时期，语言质量表现出不同的状态；即使在同一历史时期的不同群体之间，语言质量也是有差别的。早期人类的语言显然不如现代人的语言那么严密、丰富；生存于偏远地区的土著人的语言，就远不如多数现代人的语言那么有内涵和底蕴。语言在理解彼此、理解文化方面，起着不可忽视和不可替代的作用。要想了解一种语言，就必须了解语言背后隐藏的文化。语言差异引起人们感知外部世界的方式及结果的差异。所以，学习语言与了解文化两者之间是相辅相成的。

（二）文化对于语言

1. 文化为语言发展提供温床

文化是语言形成和发展的基础。没有文化，语言便不会存在。语言与文化充分地体现了民族的心理过程、推理过程及思考问题的过程。

社会不断发展变化，与过去的十年、五十年甚至几百年相比，今天的世界是一个全新的世界。与此相对应，语言也发生了翻天覆地的变化。这种变化不仅仅表现在表达方式方面，也表现在各个领域所产生的海量新词汇。这些都表明，丰富多彩的文化势必孵化出丰富多彩的语言。

2. 文化制约语言的运用

众所周知，语言的运用受到语境的影响，语境是语言生成和理解的先决条件，而文化就是语境的最主要部分。所以，语言的运用受到文化因素的制约，而且文化对语言运用的制约作用是决定性的。文化的决定性作用可以避免语言实际运用中的很多问题，如语言误解、语言冒犯、语言冲突等。主要表现在以下两个方面。

第一，语言受相同文化背景的影响。在汉语中，虽然有着相同的文化背景，但是也存在着语言的差异性，尤其体现在名讳上。例如，嫦娥原名恒娥，是为了避讳汉文帝而做的修改。这样的例子在古代的名讳中有很多。

第二，语言受不同文化背景的影响。例如，汉语中两个朋友见面常会说："上哪里去了呀？"或者"你去哪里了？"中国人认为这就是简单的问候语，表示关怀；但是用英语就会翻译成"Where are you going?"或者"Where have you been?"这样的问话会让外国人感觉很不舒服，因为这涉及隐私的侵犯，他们有权选择回答或者不回答，甚至会气愤地以"这不关你的事情"作为回应。可见，文化对不同背景的实际语言运用十分重要。

三、翻译与文化的关系

（一）翻译对于文化

翻译具有"文化传播性"，这是由语言的文化载体功能和文化的独特性决定的。任何民族都有独特的生存环境和发展历程，翻译活动不仅是语言符号转换的手段，也是以文化价值的传递和文化意义再生为任务的交际活动。翻译必然涉及民族的政治历史内涵、语言文字形式、价值伦理观念、行为习俗规范、思维情感取向等因素。而译者的基本任务就是将陌生的文化概念和文化信息转换为读者可以理解和接受的信息。文化的翻译是一项艰巨而复杂的工作，文化翻译的质量高低直接影响文化交流与传播的效果。恰当而得体的文化翻译有利于文化交流与传播，相反则会造成一些消极的负面影响。

（二）文化对于翻译

1. 文化干预翻译形式

从文化自身的实力的角度来说，文化具有强势与弱势之分，它影响着翻译进行的形式。通俗来讲，强势文化在很大程度上决定着译者翻译什么样的作品、如何进行翻译，虽然这也受译者本身的文化身份、文化环境和文化背景的制约。翻译既然是两种语言和文化的转换活动，那么强势和弱势文化在选材上可能会出现失衡现象。例如，很多人或许都了解罗马人对希腊的征服犹如一种占领和控制，他们在心态上带有很强的自豪感，并且对希腊文学也表现出极大的剥削性，甚至已经到了随意翻译希腊文学的地步。

2. 文化影响翻译过程

在美国语言学家爱德华·霍尔看来，翻译既可以被视为两种不同的语言体系的接触，也可以被视为两种不同文化的接触，还可以被视为不同程度的文明的接触。翻译过程的影响因素不仅包括语言，还包括社会因素和心理因素。[①]

仔细分析不难发现上述表达的言外之意就是，翻译这种转换活动不仅仅针对的是语言，也包括形式，还包括文化。因此，在进行翻译的过程中，交际语境涉及的就是文化因素。文化有两面性，一方面具有共同性，这就意味着任何文化之间都有交叉的部分，它是可译的基础；另一方面具有多样性，这是难译的根源。翻译中的原文很重要，对原文的理解也是关键的一步，然而翻译的最终成品也是需要表达出来的。举个通俗的例子来说，一篇文章不仅向读者传播了一定的文字知识，还向读者传播了特定社会条件下所形成的文化。这就表明，译者不能仅仅从字面意思对原文进行审读，否则原文的精神实质就不会传达给译者，那么接下来的译文也就难以成为理想的成品。因此，译者需要准确分析原文的文化意义，然后再进行翻译。归根结底，译者本身也是一个文化个体，不管他们自己是否真正地意识到这一点，但他们确实受到自身文化身份的影响，这种影响会贯穿翻译过程的始终。

四、翻译的文化倾向

从 20 世纪 80 年代起，人们逐步把翻译研究看作一门独立的学术研究领域。苏珊·巴斯内特（Susan Bassnett）强调，比较文学应该属于翻译研究的范畴，因为比较文学无法脱离于翻译。[②] 在北美，传统的翻译研究仍然附属于比较文学的范畴，但劳伦斯·韦努蒂（Lawrence Venuti）、道格拉斯·罗宾森（Douglas Robinson）、埃德温·根茨勒（Edwin Gentzler）等翻译理论学者则提出了译者的主体地位。在欧洲大陆，不同的概念范式、不同的学科路径、不同的观点立场，使翻译研究放弃了对传统等值的执着追求，将其引向了多学科、多层面、多角度的研究，传统的翻译科学概念日益受到挑战。总的来说，翻译还被视为一种历史文化现象。

翻译是一种文化之间的交流。在文化学派之前，"文化翻译"作为一种跨文

① 武锐. 翻译理论探索 [M]. 南京：东南大学出版社，2010.

② Bassnett. Translation Studies[M]. London: Methuen, 1980.

化的翻译类型，或者作为翻译中的文化因素的处理方法，早已存在。20 世纪 60 年代，美国学者奈达认为，文化翻译中所表达的意义可以是原文不包含的内容。奈达等人的文化翻译的方法依然建立在与原文等值的基础上，其实质并没有扩大到翻译研究的外围部分，还不是真正的翻译文化转向。

翻译研究的文化学派重视翻译与文化的互动，并从语境、历史和社会规约等更大层面上考察翻译。霍恩比提出，把翻译当作文化的转变就是"文化转向"（the cultural turn）。翻译的文化转向涉及历史上翻译标准的讨论、翻译过程中权力的运作、意识形态的干预、译者的操纵、翻译作为改写。勒费弗尔在《翻译文学：综合理论探索》这篇文章中探寻意识形态对文学话语的制约，并且为此引进了"折射文本"（refracted text）这一概念，"折射"是"改编文学作品以影响目的语读者阅读该作品的方式"。他认为，这些折射作为一种文学现象，值得文化学派深入研究。后来，他决定改用"改写"（rewriting）代替"折射"这一术语。

在文化翻译的过程中，主要存在两种翻译倾向：一是归化倾向；二是异化倾向。

（一）归化倾向

所谓归化翻译倾向，是指在翻译时恪守本民族的文化及语言习惯传统，回归本民族语地道的表达方式，要求译者在翻译时无限地向目的语读者靠拢，采取目的语读者所习惯的表达方式传达原文的内容，即使用一种自然、流畅的本民族语表达方式来展现译语的风格和特点。奈达提出的"最贴近的自然对等"概念主张译文应是源语信息最贴近的自然对等。在奈达看来，译文的表达方式应是完全自然的，并尽可能地把源语行为模式纳入译文读者的文化范畴中，不应为了理解源语信息而强迫读者一定接受源语文化。

归化倾向的翻译在我国的翻译史上由来已久，例子屡见不鲜，其中佛经的翻译就是一个典型代表。著名翻译家傅东华翻译的《飘》的译本采用的就是归化翻译的方法，他把作品中的主人公都加上了中国传统的姓，译成了"郝思嘉"和"白瑞德"，从而使这部文学作品更深入人心。

归化的优点在于能使读者读起来有一种亲切感，其语言特点与目的语的特点相类似，读起来地道、生动。例如，将"to seek a hare in hen's nest"归化翻译成"缘木求鱼"，而不是"到鸡窝里寻兔"。再如，汉语中用来比喻情侣的"鸳鸯"，如果将其译作"mandarin duck"就不能给英语读者带来情侣相亲相爱的联想，而译为"lovebird"，可令目的语读者容易理解。

但是这种译法也有其不足之处，它造成了文化语义的缺损，让目的语读者失去了了解并欣赏源语文化色彩的机会。因此，在采用归化法的时候一定要注意把握好分寸，原文的性质、目标读者、文化色彩的强弱等因素译者都应该考虑在内。以霍克斯所译的《红楼梦》为例，他的翻译文本读来让人感到好像故事发生在英语国家一样，具有很强的可读性，但其不足的一面是改变了《红楼梦》里丰富的中国传统文化内涵。例如，将带有佛教色彩的"天"译为西方读者更容易接受的"God"（神）；把"阿弥陀佛"译成"God bless my soul!"这就有可能让一些英语读者误认为中国古人也信奉上帝，这无疑阻碍了中西方文化上的交流。再如，"It is as significant as a game of cricket."这句话如果翻译为"这事如同板球比赛一样重要"，汉语读者就很难了解其文化内涵。因为板球在中国的普及程度不高，人们对于这项运动不是很熟悉，自然也就无法理解板球比赛和重要性之间的关联性。所以，该句应译为"这件事很重要"，将该句的重要性直接译出。

（二）异化倾向

所谓异化倾向，是相对于"归化倾向"而言的，指在翻译上迁就外来文化的语言特点，吸收外来语言的表达方式，这种翻译倾向要求译者在翻译时尽量向作者靠拢，采取与作者相同的源语言表达方式来传达原文的内容。换言之，异化就是在翻译时保存原作的"原汁原味"。异化的代表人物韦努提（Venuti）提出了"文化转换"的翻译思想，他认为翻译不仅仅是语言转换的过程，更是一种文化的再创造。他批评了传统的翻译观念，认为它们过于注重源语言文本的透明性，忽视了翻译过程中的文化因素。

韦努提主张尽量保留源语言文本的文化特点和风格，使译文更加忠实于原文的文化背景。他认为这样的翻译方式能够提供更多的文化信息，让读者能够感受到原文的独特性和文化内涵。

韦努提同时也强调了翻译中的权力关系和政治问题。他指出，翻译不仅仅是一种语言活动，也是一种权力关系的体现。翻译者在选择翻译策略时，需要考虑目标读者的需求和背景，同时也要关注源语言文本所代表的文化和权力关系。他主张翻译应该具有政治意识，反对文化霸权和语言帝国主义。

第二节　文化差异下的英汉翻译问题

现在的中英交流大多是通过翻译进行的，这不仅是一种语言间的转化，更多的是文化信息的交流。在许多重大的会议上，正确的翻译会使合作更安心、更方便。文化的差异会影响对英汉的翻译，这主要体现在以下两点。

一、文化误译

文化误译是由对文化的误读引起的。受本土文化的影响，我们在理解其他语言时，会习惯性地将自己文化中的意思加入其中，导致在翻译时意思产生差异。这是英汉互译中一种常见的问题。

例：The landlady was cleaning the room in the morning.

误译：早晨，女地主正在打扫房间。

正译：早晨，女房东正在打扫屋子。

把自己闲置的房屋租给别人，同时提供打扫屋内卫生的服务是英美国家的一种习惯。"landlord"是房屋的男主人，而女主人则被称作"landlady"。因此，这个例子中的"landlady"应该翻译为"女房东"，而不是"女地主"。

例："You chicken!" He cried, looking at Tom with contempt.

误译：他不屑地看着汤姆，喊道："你是个小鸡！"

正译：他不屑地看着汤姆，喊道："你是个胆小鬼！"

很多中国学生都会把"chicken"翻译成"小鸡"，原因是在汉语中有"胆小如鼠"这一说法，但没有"胆小如鸡"的说法。实际上，英语中的"chicken"除了有它本身的意义之外，还可以表示"胆小怕事的人"或"胆小鬼"，所以把"You chicken!"翻译成"你是一个胆小鬼！"才是正确的。

由于文化背景不同，英汉两种语言之间存在着很大的差异，文化误译的情况很常见，在一定程度上，对学生学习英语的准确性有着直接的影响。因此，对英语进行翻译就必须依据具体的情境，并结合文化背景，准确地翻译出原文的意义，不能望文生义，也不能偏离原文，这样才可以提高英语翻译的能力。

二、翻译空缺

翻译空缺指的是不管翻译什么语言，都不可能实现完全对等，更不要说英语和汉语这两种不同语言系统的语言互译了。在英语和汉语的交流中，翻译空缺的现象尤其明显，阻碍了翻译的进行。教师在英语教学时，应该特别关注这一问题。英汉翻译中，翻译空缺包括词汇空缺、语义空缺两大类。

（一）词汇空缺

不同的语言虽然存在一定的共性，但是在个性方面的表现有很多差异。这些差异体现在不同的词语上，使某些语句之间不能实现准确转换，词语不能一一对应。翻译者所处的生活环境、地理位置，以及个人的生活习惯等因素也会引起词汇空缺。

生活环境的不同导致了一些词汇的空缺。例如，中国是农业大国，南方主要的粮食就是大米，因此在不同的生长阶段，对大米的称呼也不同，像种在田里的叫"水稻"，脱粒以后的叫"大米"，煮熟之后叫"米饭"。和中国不同的是，在英美国家，水稻、大米、米饭都统称为"rice"。

随着社会的不断发展、科技的不断进步，语言也在不断地发生变化，出现了很多新的词汇。例如，在 1957 年 10 月第一颗人造卫星发射成功以后，"sputnik"一词就出现了，随即在世界各地这个词出现了词汇空缺。又如，在 1969 年 7 月美国宇航员登陆月球以后，第一次在英语中出现了"moon craft"（月球飞船）、"moon bounce"（月球弹跳）、"lunar soil"（月壤）及"lunar dust"（月尘）等词，这些词一度成为各国语言的词汇空缺。由此可见，教师在英汉翻译教学中尤其要注意词汇空缺现象，可以通过灵活的翻译方法化解矛盾，翻译出更好的文章。

（二）语义空缺

英汉语义空缺指的是用不同的语言表达同一概念，字面意思虽然看起来相同，但却有着不同的文化内涵。在大多情况下，英汉语言中的色彩词都有相同的意义，但在一些特殊场合，表示同一颜色的英汉词语有不同的意义。

例：green-eyed 眼红；气得脸色发紫 purple with anger。

在平时的翻译教学中，教师要让学生注意语义空缺现象，在遇到语义空缺的时候要尽量探求深层语义的对应，而不单是表面上的对应。

更要注意的是，不同的语义空缺有不同的表现，语言不同，词的意义也会不一样。例如，英语中的"charge"有"控告"（作动词）、"零钱"（作名词）、"指责"等意思；而汉语中，控制就是控制，钱就是钱，可以说控制花钱，但是控制这一词没有钱的意思。汉语不会用一个词表示这两种意思，而且在汉语中控制是动词，钱是名词，这与英语中一个单词表示不同的意思有极大的差别。在实际的英汉交流过程中，了解词汇不同的语义有助于弥补语义空缺。

第三节 不同文化背景下的翻译

一、不同文化背景的翻译原则

很多人都觉得翻译纯粹是一种实践活动，有些人认为翻译根本就不能遵循任何原则，提出了"译学无成规"的概念；还有一些人认为，"翻译是一门科学，有理论和原则"。金缇和奈达在共同编写的《论翻译》（*On Translation*）中提出，事实上，每个人的翻译实践都会有一些指导原则，区别在于自觉或不自觉，也在于那些原则是否符合客观规律。[①]由此可知，翻译原则依据的是科学的翻译实践，是一种客观的存在。在历史上，大量的翻译实践都证明想达到事半功倍的效果就必须恰当地用翻译原则指导翻译实践。

同时，在文化差异背景下的翻译活动必须遵循一定的原则。在《语言文化与翻译》中，奈达指出，在翻译中要更多地重视文化因素。奈达将文化看成一个符号系统，然后使其在翻译中取得了和语言相当的地位。随着文化间的交流，翻译也在不断发展。翻译的目的就是不同民族之间的文化传播，所以翻译是不同文化之间交流的桥梁。[②]根据这个观点，从跨文化的角度出发，有些专家就将翻译原则总结为"文化再现"，具体指以下两个方面。

---

① 姚小平. 西方语言学史：从苏格拉底到乔姆斯基 [M]. 北京：外语教学与研究出版社，2018.

② 姚小平. 西方语言学史：从苏格拉底到乔姆斯基 [M]. 北京：外语教学与研究出版社，2018.

（一）源语文化特点的再现

例：贾芸对卜世仁说道："巧媳妇做不出没米的粥来，叫我怎么样呢？"（曹雪芹《红楼梦》）

译文 1：Even the cleverest housewife can't cook a meal without rice.What do you expect me to do？（杨宪益、戴乃迭译）

译文 2：And I don't see what I am supposed to do without any capital. Even the cleverest housewife can't make bread without flour.（霍克斯译）

这个例子涉及汉语中的俗语"巧妇难为无米之炊"，它的言外之意是"即便再聪明能干的人，如果缺少必要条件是很难办成事情的"。在译文 1 中，原作中"米"的文化概念得以保留，这是对传统文化特色的一种体现，源语言的民族文化特色，在当时的社会背景下是很有特点的。在译文 2 中，将"without rice"译成"bread without flour"，即"没面粉的面包"，这是基于英语文化下人们的传统食物以面包为主，这样充分考虑了英语文化下人们的文化背景、生活方式等，有利于英语文化下的人们理解。虽说译文 2 与中国文化有一定的不协调，甚至有损原著中体现的民族文化特色，但其中的含义是相同的，同时大大提高了原文的被接受程度，是值得提倡的。

（二）再现源语文化的信息

例：It is Friday and soon they go out and get drunk.

译文：星期五到了，他们马上就会出去喝得酩酊大醉。

虽然译文和原文看上去相对应，但是读者看了以后会觉得困惑不解，为什么到了周五人们就会去买醉呢？很明显的是，这句话包含深层的文化信息：在英国，周五发薪水，这是固定的日期，因此到了这一天，在领完工资以后人们便会出去庆祝，大喝一场。翻译工作者在翻译的时候，可以把"Friday"具体化，再译出其中蕴含的文化信息，就能把这句话翻译清楚了，即"周五发工资的日子到了，他们很快就会出去大喝一场。"如此，在特定的语境中，"Friday"这个词所包含的文化信息就能够得到完整的理解和传递。

二、不同文化背景的翻译策略

在对不同的语言进行翻译的时候，会存在很多干扰因素，这时候就需要翻译工作者能够灵活处理，采取适当的翻译策略。

（一）归化策略

归化策略指的是将译语文化作为归宿的翻译方法。这种翻译方法始终遵守着本民族的文化和语言传统，追求回归本民族语的地道的表达方法，要求译者向目的语读者靠拢，采用目的语读者习惯的表示方法传达原文内容，也就是用一种自然、流畅的本民族语的表达方式展现译语的风格及特点。归化策略的好处是能够使译文读起来更加地道和生动。例如，"as poor as a church mouse"可以翻译成"穷得如叫花子"，而并非表面的意思"穷得像教堂里的耗子"。而且这种翻译策略还可以体现丰富的文化特色，承载厚重的民族文化信息及悠久的历史文化传统等。

例：Things will not be caused unilaterally. 一个巴掌拍不响。

Seek a hare in a hen's nest. 缘木求鱼。

Fools rush in where angels fear to tread. 初生牛犊不怕虎。

但是，归化翻译策略也有一些不足之处，它过滤了原文的语言形式，只表达了原文意思，这样就有可能使译语的读者遗漏掉一些有价值的信息。如果译者每次翻译文化元素的时候，都只选择在译语中找一些熟悉的表达方式，那译文的读者就无法了解源语文化中存在的与自己文化不同的东西。长此以往，他们就很难了解不同的文化。

（二）异化策略

异化是相对于"归化"来说的，指的是在翻译的时候迁就外来文化的语言特点，吸收外来语言所特有的表达形式，要求译者向作者靠拢，运用与作者使用的源语相对应的表达方式传达原文的内容。其实，异化就是保存原文内容的"原汁原味"。这种策略不仅为译语文化提供了新鲜的血液，还丰富了译语的表达方式，增长了译文读者的见识，推动了各国间文化的交流。

例：Just as the last straw crushed the camel that carrying the heavy load, this secret message suppressed Mr. Dombeys low mood to its lowest point.

译文：就如最后一根稻草压垮了负重前行的骆驼，这个秘密的信息将唐贝先生很低的情绪压制到了最低点。

把原文中的习语"the last straw crushed the camel that carrying the heavy load"直接翻译出来，这样不仅让汉语的读者完全可以理解，还能让读者了解原来在英语中还存在这样的表达方法。

（三）归化和异化结合的策略

归化和异化是跨文化翻译的两个重要策略，它们同直译和意译一样，是"二元对立"的关系，二者都有自己适用的范围及存在的理由。然而，不可能只用归化或者异化策略就能翻译好任何文本，所以只强调任何一种都是不完整的，只有把归化和异化结合起来使用，才能更好地进行翻译。

在如今的文化背景下，将异化和归化结合的方法有利于传播和弘扬中国传统文化。在当代文化交流不断深入的过程中，在全球化的影响下，再现源语文化的精髓越来越受到翻译家们的重视。采用"异化"的方式进行翻译，尽可能地保留源语文化中的意义，是一种很不错的方式。例如，在奥运会期间设计的"福娃"吉祥物，最初的翻译是"Friendlies"，之后考虑了中国文化，将名字改为"Fuwa"，使其具有了中国文化的意义。

（四）文化调停策略

文化调停策略是指在翻译时舍去浅层次的含义，直接译出深层含义，这样做的优势在于使译文通俗易懂，简洁生动，有很强的吸引力。

例：当他六岁时，他爹就教他识字。识字课本既不是《五经》《四书》，也不是常识国语，而是从天干、地支、五行、八卦、六十四卦名等学起，进一步便学些《百中经》《玉匣记》《增删卜易》《麻衣神相》《奇门遁甲》《阴阳宅》等书。（赵树理《小二黑结婚》）

译文：When he was six, his father started teaching him some characters from books on the art of fortune-telling, rather than the Chinese classics.

这个例子包括了有丰富汉语文化内涵的十几个词，如提到的《五经》《四书》、天干、地支、六十四卦名等，当然还有《百中经》《玉匣记》《增删卜易》《麻衣神相》《奇门遁甲》《阴阳宅》等书名。要想把它们全部翻译为英语是很困难的，也是没必要的，这是因为即使将其翻译成了英语，读者也很难理解，这时候就可以考虑使用文化调停的方法，直接省去不翻译。

第四节　高校英语教学中的文化导入

一、教学方法和策略

（一）普遍性教学策略

1. 课堂组织策略

要想让课堂教学发挥主动能力和教学活力，关键在于课堂的组织形式，课堂活动的组织手段、活动的具体控制流程、教师的角色定位等都可归入其中。

2. 激励策略

学生一旦失去了学习兴趣，就等于失去了学习的内在动力，使学习成为一种痛苦，教师教学无法得到反馈，也会感到困扰。所以，学习兴趣在成功的学习实践中发挥着前提乃至先决条件的作用。为此，高校英语教师在正式授课之前，有必要专门设计一套有可行性的激励策略，为学生的学习兴趣提供保障。

3. 提问策略

提问是课堂上常见的课堂互动形式。教师通过提问了解学生的学习情况。这就要求教师严格把握提问策略，按学生的认知水平和英语语言能力，设计难易程度相当的问题。教师可提出如下几类问题：开放性问题与封闭性问题；浅层问题与深层问题；聚合性问题与发散性问题；信息性问题、理解性问题与评价性问题；陈述性问题与推理性问题等。

4. 评估策略

课堂评估对教学的反拨作用很大，师生都能够从中受益。一方面，评估可以检测学生对教学内容的掌握情况和学习中仍未解决的问题，为学生调整自己的学习策略和学习方案提供反馈；另一方面，教师可以采用恰当的评估策略发现课程设置问题、教学内容问题、教学方法问题，为教师调整教学内容、方法和手段提供依据。

（二）具体性教学策略

具体性教学策略是指培养听、说、读、写能力和文化意识的教学行为。在语言教学方面，要求教师恰当地采用以下六种具体性教学策略：词汇教学策略、语法教学策略、阅读教学策略、写作教学策略、听说教学策略、文化教学策略。

帮助学生认知词汇的教学策略：单词网、信息沟、词汇发现、词汇问题及多媒体展示等。

常用的语法教学策略：迷你情景、图片案例、旅游、虚拟情景、猜测模仿、原因探究、爱好选择及图片故事。

常用的阅读策略：合作阅读、先行组织、互惠阅读、学习日志、同伴指导、同伴阅读、自选阅读、质疑作者及图片故事。

常见的听力教学策略：标题探索、概述选择、排序、复式听写、听与画、远距离听写等。

常见的会话教学策略：图画排序、找伙伴、流程卡、角色卡小品、图画信息沟、补全对话、连锁复述、分组讨论、围圈发言、采访、"陪审团"及纸条指令等。

常见的写作策略：句子重组、平行写作、故事重组、框架写作、图片序列、轮式写作、拆分信件及创作隐含对话等。

二、文化教学的方法

（一）显性文化教学法

显性文化教学法是指相对独立于英语教学的、较为直接系统的、以知识为中心的文化教学法。显性文化教学法的省时、高效是显而易见的。而且，这些相对独立于语言教学的自成体系的文化知识材料可以很方便地供学生随时自学。但显性文化教学法有两个致命缺陷。

第一，使学生对异文化形成简单的理解和定型观念，影响跨文化交际的有效进行。

第二，让学生始终扮演着被动的、接受的角色，导致他们缺乏文化探究的能力和学习策略。

（二）隐性文化教学法

隐性文化教学法是指将英语教学与文化教学自然地融合在一起的教学方法。其优点是课堂的各种交际活动给学生提供了一个认识和感知异文化的机会。其缺点是：学生在语言学习的过程中自然习得的外国文化缺乏系统性。

（三）综合文化教学法

综合文化教学法是指将跨文化交际能力作为最终教学目标，综合了显性文化教学和隐性文化教学的各自优势，且兼顾了文化知识的传授与跨文化意识和行为能力的培养的教学方法。

第三章　跨文化视角下的翻译研究

在现代翻译活动中，跨文化观念越来越受到人们的重视。本章的研究主题是跨文化视角下的翻译研究，共分为三节：跨文化交际与翻译、基于跨文化意识的翻译教学、中外文化翻译教学。

第一节　跨文化交际与翻译

一、跨文化交际与跨文化交际学

（一）交际

交际无所不在，人们每时每刻都在进行交际，且只要有人存在的地方，就会有交际发生。例如，婴儿一降生就开始啼哭，开始与外界进行交际，可能要告诉别人"我饿了"或"我渴了"；汽车驾驶员看到交通指示红灯立即停车，也是一种交际；即使人们独处的时候，也可能在交际。可以说交际是使用符号和语言的能力，正是这种能力把人类与动物区分开来。交际是所有人类活动的基础。

在英语中，"communication"一词有"交流""交际""通信""传播""沟通""传达""传报""联络"等多种意思与汉语译名。所谓交际 / 传播是指通过语言、信号、文字方式进行的思想、信息交流。但我们这里要谈的交际，是指人与人之间的交际，即人际交往。"交际"这一词汇来源于拉丁语"commonis"（相当于英语中的"common"）一词，与"共同"（commonness）密切相关，即"共同"或"共享"是交际的前提；而且只有同一文化的人们在很多方面共享，才能进行有效的交际。可见，"共同"的内涵与"交际"和"文化"的内涵是一致的，交际是文化的一部分。

文化是一系列人们要学习和共享的代码，学习和共享文化的过程需要交际。每一种文化对交际都有不同的理解，对交际的不同定义反映了不同的文化价值观。西方文化把交际看作传递信息的过程，强调交际的工具性功能，认为达到个人的目的就是有效的交际。而东方文化则认为除了发送和接收信息外，交际另一个重要的目的是保持人际关系，并且认为保持人际关系有时比交换信息更重要。

要给交际下一个具体的定义，并非易事。尽管学者们给交际下了很多不同的定义，但至今还没有一个公认的权威定义。可见，交际是一个复杂的过程，一般包括信源、编码、信息、信道、干扰、信息接收者、解码、信息接收者的反应、反馈及语境等十个要素。交际具有动态性、不可逆转性、符号性、系统性、自身性、交互性和语境性等七个方面的特征。

（二）文化对交际的影响

语言是人们进行交际的最为重要的手段，人们常常认为掌握了对方的语言就能够进行成功的交际。事实并非如此，文化在很大程度上影响着人们的交际内容和方式。文化在很多方面会对交际产生影响，主要体现在会话模式和交际风格两方面。

1. 文化对会话模式的影响

文化对言语交际的影响首先体现在对会话模式的影响上，具体影响着交谈的时间与地点的选择、话题的选择和话轮的转换等。例如，英国人一般不与陌生人交谈，如遇陌生人主动问问题，他们一般会尽量做简短回答。而在有些文化中，人们却愿意与陌生人闲聊，如遇到那些来自不愿与陌生人交谈的文化中的人时，他们就会认为对方高傲、缺乏合作，对方则会认为他们说话太多，不可信任。就话题的选择而言，中国人习惯谈论家庭背景、教育情况、工作收入、婚姻等涉及个人信息的话题，而英语国家人士往往认为谈论此类话题是不合适的，尤其是在与不熟悉的人谈话时，会被认为是侵犯隐私。不同文化背景的人们谈话时话轮转换的习惯也不同，如美国人谈话中的话轮转换往往在两人间来回往复，并且常用副语言、眼神交流及姿势来暗示话轮转换。而日本人则习惯在谈话中等待说话时机，谈话中经常出现停顿和沉默，因为他们惯于保持沉默和自我思考。可见，交谈是一种重要的交际方式，人们的会话模式会因为各自文化不同而呈现出差异。

2. 文化对交际风格的影响

来自不同文化背景的人们在交际风格上也表现出明显的差异。首先，体现为直接交际风格与间接交际风格。所谓直接交际风格，指交际中人们把自己的愿望或意图直接地表达出来。交际中，人们更多地依赖语言符号来传递信息。一般来说，西方国家或低语境文化的国家多采用间接交际风格。而间接交际风格，则指在交际中人们会有意识地隐藏自己的意图，或者通过间接的方式表达自己的意图。间接交际风格的特点是使用含蓄的、含糊不清的语言。交际中，人们更多地依赖非语言符号来传达信息，较少依赖"言传"而更多地依赖"意会"，对意义的理解很大程度上来自语境。一般说来，受儒家文化影响较深的亚洲国家或高语境文化的国家倾向于采用间接交际风格。其次，文化对交际风格的影响的另一体现是个人交际风格与语境交际风格。所谓个人交际风格指在交际中人们强调交际者个人的身份。个人交际风格的语言特点通常表现为在句子中第一人称代词的频繁使用，如美国人在交流中最常用的代词是"you"和"I"。而语境交际风格则指在交际中人们强调角色和地位，社会语境决定了词汇的选择尤其是代词的选择，如日本人在交流中经常根据自己和对方的地位关系选择使用敬语。

（三）跨文化交际

"跨文化交际"的英文是"intercultural communication"或"cross-cultural communication"。"intercultural"强调"文化比较"，而 cross-cultural 只是指"交往"（interaction）。也就是说，前者相当于"跨文化交际研究"，而后者相当于"跨文化交际活动"。跨文化交际是指本族语言使用者与非本族语言使用者之间的交际，也指任何在语言和文化背景方面有差异的人们之间的交际。它一般指的是具有不同语言文化背景的不同民族成员相互间进行的交往活动，也指说同一语言的不同民族成员之间的交际。还有人认为跨文化交际是泛指一切在语言文化背景有差异的人们之间的交际。简而言之，具有不同文化背景的人们从事的交际过程就是跨文化交际。

不同的人在文化和社会背景、生活方式、受教育状况、宗教信仰、性别、年龄、政治信念、经济状况，以及爱好、交友条件、性格等方面存在不同程度的差异，所以在交际时，说话人和受话人对信息的理解难以达到100%一致。不同的民族所处的生态、物质、社会及宗教等环境的不同，因而各自的语言环境也产生了不同的语言习惯、社会文化、风土人情等等诸语境因素。因此，不同文化背景造成人们说话方式或语言习惯不尽相同。从这个意义上讲，任何人与人之间的交际都是跨文化交际，差异仅是程度上的而非本质的。在跨文化交际中，双方的文化背景，可能大致相似，也可能相去甚远。这种文化距离可能大到不同国籍、不同民族、不同政治制度之间的差异；也可能小到同一主流文化内的不同社会阶层、不同地区、不同教育背景、不同性别、不同年龄、不同职业、不同爱好或兴趣的人们之间的不同。

（四）跨文化交际学科的起源

跨文化交际是普遍、长期存在的一种社会现象，是自人类有文字记载的历史以来就已经存在的社会实践，它与人类的历史一样悠久。但作为一门独立的学科，跨文化交际研究起源于 20 世纪 40—50 年代的美国。美国作为跨文化交际学的发源地，对跨文化交际学的发展起着重要的推动作用，它的贡献有其历史和社会的因素。美国自建国之始就是一个多民族、多元文化的国家，是世界上最大的移民国家，除了土著印第安人之外，其他人都来自世界各地，包括亚洲、欧洲、非洲、拉丁美洲、大洋洲等。在长期的交往磨合中，他们各自的民族文化不但没有被同化，反而更增强了民族意识，强调维护各自的文化传统，于是就形成了多元文化并存的美国社会格局。但是在这样一个社会中如何与来自不同文化背景的人进行交往就成了学者们关注的问题。之后，随着美国自身经济的发展和经济全球化的推进，每年都有大量移民不断涌入美国国土，各种人员交流更加频繁，他们如何在多元文化环境下处理好文化习俗和价值观念的问题就成为各学科学者的研究热点。所以美国的跨文化交际学是在整个社会的推动下全面发展的，不但贯穿整个美国历史，而且涉及美国社会的各行各业。

由于现代交通工具的使用，高科技通信技术的迅猛发展，处于不同文化背景、居住不同地域的人们交往日益频繁，从而增进了相互的了解，规避了误解，并承担起人类赖以生存的地球村的公民责任。越来越多的人意识到，不论是"热战"还是"冷战"都不是解决文化冲突的办法，跨文化冲突只有运用跨文化手段才可以化解，从而实现文化理解和融合。世界规模的战争和全球规模的建设引发了更多学者对跨文化交际问题的研究，跨文化交际学应运而生。经济的发展、文化的交流、科技的进步带动并促进了文化人类学、社会心理学、语言学、传播学等学科对文化与交流之间的关系进行系统的和理论上的研究。不同学科的交互作用也催生了跨文化交际学。

一般认为，霍尔在 1959 出版的经典之作《无声的语言》（*The Silent Language*）是跨文化研究的第一部专著，标志着跨文化交际研究的开始。在这本经典著作中作者首次使用了"跨文化交际"一词，开启了跨文化交际研究的先河。从这个角度来讲，该书被广泛认为是跨文化交际学的奠基之作，霍尔也被奉为跨文化交际学的奠基者。因为该书综合了理解文化与交际的一些关键问题和基本问题，指出了不同文化对人际距离、对时间感知的不同，以及由此而产生的对异文化的误解，所以，该书推动了跨文化交际研究的开展。①

（五）跨文化交际学科的建立与发展

随着全球化进程的日益快速推进和跨文化交流的日益频繁，跨文化交际研究越来越受到人们的重视，尤其引起了越来越多社会科学研究者和外语教师的关注。跨文化交际学作为一门新兴学科具有旺盛的生命力，也有着适应时代发展需要的本质特点。

20 世纪 80 年代，跨文化交际的研究大多是对现有交际理论的检验和扩展，探讨的重点主要是抽象层面的文化和交际理论。当时的研究虽然为跨文化交际理论框架的形成作出很大的贡献，但是由于缺乏对世界各个国家、地区的文化及各个亚文化群体的实证研究，这些理论仿佛空中楼阁，而且可靠性也令人怀疑。到了 20 世纪 90 年代，具体、客观、描述性的研究逐渐受到重视，由此关于不同文化的研究论文和专著也层出不穷，除美洲和欧洲发达国家的文化之外，拉丁美洲、非洲、亚洲和中东地区欠发达国家的文化也都有论述。这些研究为跨文化交际实践和理论建构提供了第一手资料，同时丰富了整个学科内涵，增强了跨文化交际学的科学性和实用性，提高了该学科的学术地位。

1995 年哈尔滨举行的第一届中国跨文化交际国际学术研讨会标志着中国跨文化交际学会（CAFIC）的成立，迄今为止该协会已经成功举办 9 次全国性和国际

---

① 丁甲一. 理解跨文化传播——浅析爱德华霍尔《无声的语言》[J]. 文学少年, 2021（30）：398.

性研讨会，有力地推进了中国跨文化交际研究和国际交流的发展。① 与其他很多国家不同，我国的跨文化交际研究主要是由外语教师发起的，参加研讨会的也大多数是从事外语教学工作的教师和研究生。虽然近几年来，来自传播、经济、国际关系等学科的学者也纷纷开展跨文化交际研究，但研究成果还是以关于语言教学和文化教学的关系居多，如词汇、语法、篇章的文化内涵，社会文化因素对语言使用的作用等。因此，相对于美国的跨文化交际研究来说，我国的研究无论在内容上还是在方法上都有一定的局限性。虽然，近年来我国也有很多学者著书立说，例如，贾玉新、关世杰、胡文仲、胡超、林大津、陈国明及王宏印等。他们主要介绍了跨文化交际学的理论，探讨其作用。但是，我国的跨文化交际研究在很大程度上仍处于介绍和引进国外研究成果阶段，具有我们自己研究成果的理论研究和应用研究还相当匮乏。究其原因，我国的跨文化交际研究在学科发展和学校的课程设置上得不到应有的重视，基本上附属于其他学科，尚未形成独立的研究体系和结构。

跨文化交际学是一门新兴学科，人们对它的研究性质、研究内容、研究方法等等，在理论上仍处在不断探索之中。概括说来，专门研究跨文化交际中的矛盾与问题，并探索如何提高跨文化交际能力的学科就是跨文化交际学。在美国，跨文化交际学侧重于研究交际文化，是一门新兴的交叉学科，它以研究语言与文化之间的关系为主旨，以提高语言教学质量和有效地进行跨文化交际为目的。美国是世界各民族与文化的大熔炉，在美国跨文化交际既指使用同一种语言，但文化背景不同、民族传统有别、居住区域差异的个人间和团体间的交际，也指与不同语言、不同国家、不同文化传统的团体间和个人间的交际。在中国，随着城市化进程的加快，农村人口向城市大量迁移，区域间文化"休克"和文化冲突呈激化趋势，跨文化交际研究也开始引起了专注于研究国内问题学者的极大关注，并尝试使用跨文化交际来建立理解、化解矛盾和创建和谐。跨文化交际学这一学科的兴起和发展同语言教学和日益频繁的跨文化交往有着直接的联系。总之，无论在国内还是在国外，跨文化交际学的研究越来越受到学者们的关注。积极开展跨文化交际学的研究工作不仅具有重要的理论意义，而且还有极高的应用价值和现实意义。

---

① 林大津，毛浩然，谢朝群. 跨文化交际研究：焦点与启示——第九届中国跨文化交际国际学术研讨会回眸与展望 [J]. 中国外语，2012，9（1）：98–103.

（六）跨文化交际学的研究领域

跨文化交际是一门边缘学科。从兴起到现在的 50 多年里，它经历了巨大变化，这些变化与其相邻学科的发展密切相关，包括语言学、交际学、语用学、语言心理学、人类学、社会学、社会心理学、文化学、哲学等等。这些学科对跨文化交际理论的构建，研究的范围、内容等提供了建设性的帮助，为跨文化交际学成为一门独立的学科打下了理论基础。不过，跨文化交际学到底应该研究什么，目前国内外学术界尚无定论。

跨文化交际学来源于传播学，所以一些学者倾向于把传播学的理论应用到跨文化交际的研究中。跨文化交际是信息的编码和解码过程，这个过程受到社会文化、心理、环境等因素的影响。目前，在我国不同高校的外语院系，针对不同专业背景的学员讲授的内容不尽相同。

胡文仲教授在他的《跨文化交际学概论》一书中将跨文化交际教学内容按重要程度进行了排列：文化差异及其对于交际的影响；不同民族和不同文化之间的共同点和差异；跨文化接触及场合；语言及文化、双语教学及翻译问题；特殊的文化模式及其对于跨文化交际的影响；非语言交际；内圈和外圈的形成及民族中心主义；文化"休克"和文化适应；民族、种族和亚文化；主观文化理论；对不同种族、民族和国家的成见；融合理论。[①]

英国心理学家迈克尔·阿盖尔（Michael Argyle）将跨文化交际中的主要问题或难点归纳为六个方面：语言，包括礼貌用语；非语言交际；社会行为准则，包括赠送礼物等；家庭和同事的关系；做事的动力和动机；思想观念，包括受政治影响产生的观念。[②]

人们普遍认可理查德·波特（Richard Porter）的观点，他认为跨文化交际学包括以下八个方面的内容：态度（包括世界观、价值观、民族中心主义、偏见、成见等）；社会组织；思维模式；角色规定；语言；空间的组织和利用；时间观念；非语言表达。后来，波特和萨姆瓦在另一篇文章中把跨文化交际学的研究内容归纳为三个方面，即观点（包括价值观、世界观和社会组织）、语言过程（包

---

① 胡文仲. 跨文化交际面面观 [M]. 北京：外语教学与研究出版社，1999.

② Luo Lu，Michael Argyle. Leisure Satisfaction and Happiness as a Function of Leisure Activity[J]. The Kaohsiung Journal of Medical Sciences, 1994, 10（2）：89-96.

括语言及思维模式）和非语言过程（包括非语言行为、时间观念和对空间的使用）。换言之，跨文化交际的基本研究内容可以概括为：第一，有关世界观、价值观方面的研究；第二，言语行为的文化特性方面的研究；第三，非言语交际方面的研究。①

　　所谓世界观，就是人们对待整个世界的根本看法，包括人在宇宙中的位置、人与大自然的关系等诸多哲学方面的概念。仅从人与大自然的关系即可看出，东西方文化有着截然不同的看法。西方文化认为，"物我相分"，人应该主宰自然，自然是人的征服对象，人类可以利用不断提高的科学技术改造自然、战胜自然，人是万物之中心。与此对应，东方文化则认为，"天人合一"，人与自然是一种紧密、协调的关系，人类不是要改造自然，而是适应自然，利用自然的条件为人类服务。

　　所谓价值观，就是判断好坏、是非的标准，它将人的行为引至某个方向。因此，价值观就构成了文化的核心与社会结构的基干，隶属于某种文化的人们的行为受其价值观的支配。价值观是一个抽象的概念，人们很难把握住它，但是通过语言的或非语言的行为模式往往可以窥视出某一种文化的价值观。在跨文化交际过程中，回避不了隐藏在文化深层里的价值观，人们恰恰是通过了解价值观的不同，来加深对跨文化交际的理解。这是因为跨文化交际过程中出现障碍或问题，往往是由于不同的价值观念发生对立所致的。

　　关于言语行为的文化特性方面的研究，这是跨文化交际学研究中的又一重要课题。文化具有鲜明的个性，文化差异反映到语言上，就成为语言上的差异。语言是文化的产物，也是文化的一种表现形式，语言的使用一定要遵循文化的规则。也就是说，文化决定思维、决定语言的表达方式。如英语国家文化要求对别人的称赞或夸奖表示接受性的感谢，以表示对对方的肯定与尊重；而在中国文化中，人们对别人的称赞或夸奖常常不好意思地红着脸、低着头，甚至用"自贬"或"否认"的语言表示拒绝，以示礼貌与尊重。

　　与语言行为一样，非言语行为往往因文化的不同而被赋予不同的意义。在跨文化交际过程中，由于不同的文化对非言语行为的不同解释，往往会产生误解。非言语交际以往多被看作是体态语的代名词，其实它的范围远远超过了单纯的体

---

　　① 彭增安. 跨文化交际中的语境问题 [J]. 秘书，2002（2）：25-26，28.

态语。从人的身体特征到身上穿戴的服饰品；从使用的香水的味道到身体内散发出的体气；从声音的高低到房间的摆设、光线、色彩；从时间概念到空间概念，这些都是非言语交际的因素。许多学者都指出过非言语交际的重要性，交际中非言语信息约占 65%，这说明，在人的交际中非言语的因素占据着十分重要的位置。中国人的寒暄、欧美人的拥抱接吻、拉美人的脱帽致意等都是各自的文化特征的体现。

随着文化全球化的迅速发展，跨文化交际研究的重点也在发生转移和变化。跨文化交际研究注重社会发展、文化变革，关注的重点和主题也"与时俱进"，同时研究视角往往也带有一定的本土性。然而，由于文化背景和研究角度等因素的限制，研究者容易受到文化优越感和民族中心主义保守心态及文化定型的影响，未能正确审视跨文化交际中他民族文化的内涵和价值，而且从心理上拒绝其他文化的渗入，难以作出客观公正的评价，致使不少结论具有一定的时效性和局限性；研究对象易于局限在某两个或几个地区之间，注重局部的考察而普遍性不足；由于科学技术的限制，研究手段相对落后，也为跨文化研究带来了一定的困难。全球化为跨文化交际研究提供了全新的视角，文化全球化拓宽了跨文化交际研究的思维空间，促使人们从全球化的角度来考察不同文化之间的交流，并在此基础上探求共同的文化建构。在文化全球化背景中，人们能够以全球的眼光看待跨文化交际中出现的现象；随着研究对象进一步扩大，越来越多的异质文化现象进入了人们的视野，全球化的理论概念不断地循环往复于研究对象之中，并用自身的理论概念重新建构研究对象。

二、作为跨文化交际行为的翻译

（一）翻译的跨文化交际性质

语言交际在不同文化中都是以自身默契来编码与解码的，而东西方跨文化交际是要从各种不同的视角去理解东西方社会的不同价值观、世界观和人生观，以建立跨文化的东西方共识，以促进东西方文化间的沟通，追求新文化、新价值标准为中介并使交际双方彼此都能接受，进而避免不同文化之间的冲突，最终促成成功的跨文化交流。

自从产生了人类社会，特别是人类通过语言交流思想以来，跨文化交际就应运而生了，而要使这种跨文化交际能够正常运行，就需要进行翻译活动。当最初的两个操着不同语言（当然语言包括了口头语言、文字语言和形体语言）的族群邂逅时，双方的交流离开了翻译肯定是难以进行的，所以为了有效地实现这种跨语言、跨文化的交流，翻译也就随之产生了。翻译人员和翻译活动的产生，推动了跨文化交际活动的发展，由最初族群之间、民族之间的微观跨文化交际，继而发展为国家与国家、地区与地区之间乃至全球性的宏观跨文化交际。由此可知，跨文化交际的出现催生了翻译活动，而翻译活动反过来又推动了跨文化交际的发展；没有跨文化交际的需要，就不会有翻译的产生，两者是相辅相成和相互依存的关系。从这个意义上讲，翻译即跨文化交际，翻译的历史也是跨文化交际的历史，这一观点虽然失之偏颇，但也并非毫无道理。我国有文字记载的两千多年的翻译史不仅仅是翻译活动的历史记录，也是汉文化与其他外国民族文化及我国少数民族文化之间进行跨文化交流的过程。

文化与文化之间的交流，思想与思想之间的碰撞，都离不开语言。从本质上讲，翻译是一定社会语境下发生的交际过程，是一项跨语言、跨文化的交流活动。翻译涉及两种语言，是将一种语言以最近似、最等值的形式转换成另一种语言的人类社会实践活动，是一种把语言文字、语言知识、文化修养结合在一起的综合性艺术，这是它的跨语言性。所以说，翻译是一种语言社会实践活动，既有跨文化性，又有交际性；既是一种艺术，又是一门科学。

随着时下文化研究的兴起，从义化的角度，特别是从跨文化的角度来研究翻译也逐渐形成潮流，文化因素在翻译中的作用越来越受到重视。近二十年来，翻译研究中出现了两个明显的趋向：一是翻译理论深深地打上了交际理论的烙印；二是从重视语言的转换转向更加重视文化的转换。这两种倾向的结合，就把翻译看作一种跨文化交际的行为。

（二）跨文化交际与翻译研究和实践

"翻译是一种跨文化的信息交流与交换的活动，其本质是传播。"[①] 随着跨文化交际学的兴起，不少学者认为，翻译是一种跨语言、跨文化的交际活动。但是

---

① 吕俊. 吕俊翻译学选论 [M]. 上海：复旦大学出版社，2007.

译者仅仅掌握两种语言的语音、语法、词汇，以及相应的听说读写能力还不能保证译者能深入、灵活、有效和得体地表达思想，他 / 她还必须了解源语和译入语的文化。因此，只有具有一定的跨文化交际能力，才能使译文达到"最近似的自然等值"或完成相类似的文化功能。

各民族文化在对社会现象的观察方面存在着文化差异，而这种文化差异正是影响跨文化交际顺利进行的主要障碍。在跨文化交际活动中，参与交际的各方不仅要十分熟悉本民族的语言与文化，而且要充分了解对方的语言与文化。了解他人文化的目的是懂得对方的意思，而了解本民族与其他民族文化差异的目的，是既要把自己的意思表达清楚又不至于造成误解，甚至伤害对方。只有这样才能使交际顺利进行下去。

文化差异往往构成了跨文化交际中必须克服的最大的障碍。为了达到跨文化交际的目的，必要时译者要做到淡化自己的文化。换言之，在必要时要避免使用具有强烈民族色彩的词语和表达法，在对方语言文化中没有相同的事物或概念时，要进行解释或改写。如果一味坚持使用具有强烈民族色彩的词语与表达，不淡化自己的文化，那么往往难以达到跨文化交流的目的。

跨文化交际研究提供确定翻译标准的依据，翻译标准强调动态性和可操作性，它以达到跨文化交际的目的为旨归。翻译是一种跨文化的交际活动，其主要任务是把一种语言的文化内涵转换到另一种语言中去，译文忠实与否取决于译者对两种语言及其所表达的文化内涵的细微差别的掌握。跨文化交际学为从跨文化视角审视特定文本所处的语境和语言特点提供了科学锁定的方法。跨文化交际的理论和研究方法，对文本、语篇生成和传播的宏观语境与微观语境、文化氛围的客观认知，对信息接收者的整体特点和具体个性的确切了解，对精确翻译文本、语篇中"符码"蕴涵的文化信息，以及对确定翻译标准适度性、翻译技巧选用的策略性、确保翻译过程合理性、翻译质量优质性、翻译传播效果的实效性提供了定性或定量的依据。

纵观国内的研究成果，一些学者着重探讨西方人的思维模式、价值取向、道德规范、行为准则、社会习俗、交往方式乃至生活方式等；一些学者侧重于从这些方面着手对中西方的语言文化异同进行专题的或全面的对比研究；一些学者重点从语言的功能，文字的音、形、义及其文化效应的角度对汉语和英语进行了深度的对比；还有一些学者从社会交际、日常交往及语言基本表达方式等方面侧重对汉英两种语言的运用进行了对比；而更多的学者则是从翻译学的角度出发，主要研究在英汉两种语言互译中如何运用译入语恰当、准确地传达源语的语义及其中的文化内涵的问题，侧重对翻译的基本方法与技巧的探讨。他们都提出了很有见地的观点和见解，极大地丰富和发展了跨文化交际学理论。

（三）跨文化交际与我国译者的文化态度

在当今全球化进程不断加快的背景下，跨文化交际活动和现象变得日益频繁，各种文化，特别是中西方文化之间的交流、碰撞和融合时时处处都在发生，从而越来越引起人们对跨文化交际的重视。对跨文化交际现象的研究成了当今的一个热门话题，在学界变成了一门显学。同时，跨文化交际又与翻译活动紧密相关，翻译活动和翻译人员在跨文化交际中有着举足轻重的作用和影响。因此，在各种错综复杂的跨文化交际活动中，特别是在中西方文化的交流、碰撞和融合过程中及由此而进行的翻译活动中，我们应保持理性的认识，绝不可自以为中华泱泱大国的文化影响力巨大，对跨文化交际停留在过去陈旧的认识上。表面上看，跨文化交际平等、友好而和谐，你来我往，相互学习，实际上，由于经济、政治、军事、文化、科技和教育等方面的原因，这种跨文化交际往往是不可能一帆风顺、平等进行的，其中充满了矛盾、冲突和竞争，甚至渗透着强势文化和弱势文化在无声无息中争夺各自势力范围和话语权的斗争。因此，我们对跨文化交际要有清醒的认识，在翻译活动中既要有选择地译介西方文化的精华和先进的科学技术，又要坚持中国文化的优秀传统，坚持平等的文化态度来进行跨文化交际。

以前，跨文化交际还处在不同国家和不同民族之间的交流、碰撞和融合的阶段，每个国家和民族还有相对自由的选择权和自主权。但在经济全球化进程日益快速推进的今天，这种选择权和自主权的空间日益缩小。此外，西方国家凭借其经济、科技、文化、教育等方面的优势所带来的语言霸权，极力宣扬、推销和传播西方主流文化及其价值观念，甚至诋毁和摧残其他国家和民族的历史与文化，妄图使其他国家和民族的文化在全球化的过程中失语或被边缘化。作为发展中国家，面对经济全球化，我们应对跨文化交际和翻译工作有理性的认识。我们既要迎接西方文化的挑战，吸收和学习其文明和先进的东西，又要坚持中华民族的传统文化；既要有选择地译介西方优秀文化，先进的科学技术，又要对外译介我们中国的文化精华，让世界了解中国，尽可能地通过各种努力改变在跨文化交际中西方"文化霸权"的严峻局面。王蒙指出："全球化时代的民族文化，是面向世界的开放的与面向未来的文化。只有民族的才是世界的，是说我们的文化要有自己的传统、自己的立足点、自己的性格。同时，只有开放的、面向世界的、经得起欧风美雨的、与时俱进的中华文化，才是有活力的文化。"[①] 因此，在翻译实践中，译者除了具有跨文化意识外，还应持平等的态度对待源语文化和译入语文化，平等也就意味着尊重。

第二节　基于跨文化意识的翻译教学

一、英语翻译教学中的文化差异

翻译要求译者要充分了解语言对象国的历史与现状，对语言对象国人们的信仰、价值观念、生活方式与行为习惯做到真正理解，才能进行深入细致的跨文化交流。

（一）农业国家与海洋国家

1. 农业国家

中国的地理位置自古就东临太平洋，北与荒无人烟的西伯利亚接壤，西北则是塔克拉玛干大沙漠，西南为喜马拉雅山。在这样相对封闭的环境内谋生，使国人形成了含蓄内敛、保守中庸、消极忍耐的农耕性格。各朝各代都形成重农抑商，重伦理文采、轻科技实用的社会现象。中国历代王朝的政权中心大都在中原地区，如：夏政权在陕西，商政权则在河南；西周政权在居陕西，东周的政权则在河南；秦和西汉的政权在陕西，东汉政权则在河南；隋、唐政权以陕西为中心，北宋政权则以河南为中心。由此可见，中国始终以黄色文明中的农耕为主。纵览四五千年的中华文明史，农业始终占据着重要地位，并被看作社会的根基。

中国的先秦时期就已经有中国哲学的萌生，先秦时期的中国是以农业为主的

---

① 王蒙，孟华. 关于汉字文化的对话 [J]. 书屋，2005（6）：4–10.

国家。生产方式以农业为主就决定了中国先人思索事理的立足点和主体内容都是人际关系。以血缘宗法为生活底蕴的社会具有"家天下"的内向性。农业活动的惰性与亲属间往来使得古代国人的哲学思维更侧重于自身的感性体悟、经验和实用。这种注重人事关系、注重具体经验的思维即为"实用理性"。我国古代农业简陋型和重复性的生产方式致使人们的哲学思维更看重内部生活的小范围关系的圆满，导致人们产生保守和狭隘的思维内容和思维方式。

2. 海洋国家

西方哲学起源古希腊，古希腊是一个海洋国家，这样的地理环境更有利于商业活动和发展海上的交通。随着手工艺生产的发展，古希腊人对加工对象和各种自然物的属性有全面的掌握，逐渐形成热爱自然、探索自然的思维倾向。西方哲学的初始即把人们对自然知识的追求和立足于自然及社会向理性探索的轨道上引导。

同时，西方哲学皆源自古希腊神话。古希腊神话中的思维倾向是在人之外有一个巨大、普遍的本质和力量掌控着人间的祸福和事物的变幻。这便是古希腊人对世界本源、宇宙生成及事物原因的最初揣摩和简单的想法。于是，就有一部分人形成了自然科学的探索思维，而另一部分人则形成了宗教神学的思辨阐释。另外，古希腊的奴隶主民主制社会环境，是形成西方源头哲学观点自由发散，并具有论辩色彩的主要因素和必备条件。

（二）主体意识和客体意识

1. 主体意识

汉民族主张心物一体，主体意识与客体意识的统一。汉民族的传统思维以主体意识为主，多以"我"为视角，以"我"的情感、态度、观念为主要的依据价值判断，以"我"为认识的出发点和归结点。通过主观对客观的"近袭"，中国人在儒教上表现为融入人世，在道教上表现为融入大自然，在佛教上表现为融入生命的彼岸。汉民族讲究"天人合一"，注重主体的参与意识，在思维上主客体混为一谈，不加区分。以自身为对象来考虑问题，属于意向性思维。传统的中国哲学以提高人的精神境界为主要任务，中国哲学的出发点是研究人和社会，以人的为人之道为重中之重。

在这种思维差异在语言上体现为英语重物称，汉语重人称。汉语经常用表"人"的词、词组、短语作主语，主动句多，省略句多，而且常将主体作为中心进行主体与述题之间关系的表述，使主体突出，而不是主语，对主动或被动不表示。

2. 客体意识

西方人主张心物二分，主体意识和客体意识的对立。西方人严格区分主体与客体，目的是通过"远观"客观世界，探索和寻求自然的规律及科学真理。理性主义是把主体放在旁观者的位置上，对于客体尤其是本质世界进行探究。西方人的思维因注重理性分析强调客观事物对人的作用和影响，严格地区分主体和客体，常持客观审视的态度，以"事物"（客体）为中心、为主语，并对其进行客观、冷静的剖析和描述，属于认知型思维。

在语言表现上，英语重物称，英语常以不能主动做出动作的或是无生命的事物作为主语使用。因而英语中大部分句子，都不是以人作主语的，多用抽象名词或事物名称作为主语使用，被动句多，完整句多。

3. 时间思维

英语的时间性特质和汉语的空间性特质形成了鲜明的差异。西方人侧重时间思维，西方文化强调"人人平等"，即起点上的平等。英语的称谓简单、模糊，很多关系通常用一个词就能表达。英语构词是线性的、从左到右的，在英语中动词往往是词法、句法及语法的焦点；而在汉语中，构词形式往往是叠床架屋式的，且汉语的构句方式与构词方式基本类似，"词法即句法，句法即词法"。英语是强调时间性的，是线性的、一维的语言，更关注在时间上具有不可逆性的事件（activity/event），因而往往聚焦事物的行为变化，以动词为中心。不管句子结构如何复杂，始终以主句的动词为参照，语言变化的表现主要在动词变化上体现，如各种时态和语态变化，动词在使用时常受限于形态，因此所传达的意义较少，使英语的表达叙述呈静态；而汉语是离散的、成块的、三维的语言，没有屈折式形态变化，更强调"名""物"（thing/entity），因此常将行为动作也空间化，动词使用频繁，动词连用也很常见，反而不太注重时间性，叙述呈动态。了解了这些深层次的原因，自然能够将英语重时态、语态变化的规律内化、固化。

西方人在时间取向上也不同于中国人。西方人多数是具备将来取向的，他们持续地打算将来。比如，莎士比亚对时间的认知就是"步伐轻快得令人眼花缭乱"；

依据犹太基督教的本说法，时间是复始的运动并不是圆式的周，是有始终的；在西方世界，所有人都在单向时间的"铁腕"控制之下。西方人是线性的、表层的思维方式，其将时间视为一条直线，具有不可浪费性，对决策果断、办事有效率的人大加赞赏，守时对西方人来说非常重要。

在时间先后概念上，英语中"back"是指过去的时间，而"forward"是指未来的时间。因而，英美人区分时间先后都是面向未来进行区分的。英语的"back"和"forward"与汉语的"前"和"后"同义。中国是礼仪之邦，多人聚会时总会有一番礼让，常说"你先请"；而英语的常用说法是"after you"。

英语国家的人做方位表达时是以"北"为先的。若将汉语"南屋"译成英语"a room with a southern exposure"就是错误的了，正确的译法应该是"a mom with a northern exposure"。

视角不同常使英汉语对同一思维内容采用的表达方式也截然不同。东方侧重于综合，而西方则侧重于分析，在英语句子结构上的反应是以主语和谓语为核心，再加上各种短语和从句，西方人的空间领域感较强。距离一词在英语民族的视角就是一个用于护卫的"身体缓冲区"。在社交场合或日常生活中，他们对这一"自在区域"（comfort zone）非常重视。在我国，交际距离感存在微小，人与人之间并不会因距离微小而产生不适感。英美人在近距离交谈时，眼睛须凝视对方的眼睛，以示专注和尊重。在西方国家，悲痛时也需强忍眼泪，尤其在众人面前号啕大哭是修养低的表现，表示其自控力弱。

（三）形象思维与抽象思维

1. 形象思维

中国人尤其注重形象思维，直觉和意象等形象为常用，通过形象的表达手法来表达出抽象的概念和含义，以神制形，突出神韵，体现"形简神远"的特点。中国人多用形象的方法对抽象的概念进行表达，如汉语的成语、比喻、谚语、歇后语等表达方式，会让人产生明确、直接、形象的感觉。体现在语言层面是汉语多用形象表达法。在汉语中，常用具体表抽象。同时，汉语也不具有构形形态。

2. 抽象思维

西方人更善于抽象思维，从古希腊的亚里士多德开始，一直侧重于哲学思辨。

表现在英语的功能性上，抽象表达法在英语里非常普遍。英语常常用不能主动发生动作或无生命的抽象事物作主语。西方人善于使用大量含义概括、指称笼统的抽象名词以表述繁复的理性概念和微妙的情绪；与动词相比，英语偏好名词和形容词，尤其是名词。这样能弱化动词，增加静态特征。而英语的名词都比较灵活，可以从概念上动词化或形容词化。在一定程度上，英语追求精确和简洁的心理定式。名词不仅简洁，而且能使意义客观化，符合西方人以理服人的科学思维习惯。同时，英语属构形语言，词义虚化手段使用繁多，如词缀，英语中介词的频繁使用要远高于汉语。英语大量使用概括、笼统的抽象名词，而这种宽泛、隐晦的感觉，往往难以用汉语对应翻译。因此，在翻译过程中，要注重抽象思维到形象思维的转换。英译汉就要化虚为实；汉译英时，就要化实为虚。

英文句子难译程度主要体现在复杂的结构和抽象的表达上。通过分析句子结构，可以将长句变短、从句变分。但是表达抽象就要求译者彻底理解原文的含义，用详细中文进行表述，这对于译者来说意味着巨大的挑战。译者需要超越语义概念的层次，进而通过想象描述出原文的场景，然后通过译语进行艺术性的重新呈现。译者进行有效的形象思维有三个必备因素：一是对原文的正确解析；二是自主应用形象思维；三是自己脑海中的形象积累。

二、英语翻译教学的跨文化策略

（一）更新教育观念

一般来说，教育观念对于教育效果具有直接且深远的影响。对于高校英语翻译教师而言，要及时更新自身陈旧教育观念，特别是要高度关注和重视跨文化教育，设计合理且科学的英语翻译课程教育方案。高校英语翻译教学中，如何体现跨文化意识是一个需要认真思考和实践的问题。跨文化意识不仅仅是一种知识结构，更是一种能力和素养，是指跨越不同文化背景进行沟通和交往时所需具备的理解、尊重、包容和关怀他人的能力。

在英语翻译教学中，要求学生通过不同的文化背景来理解源语言和目标语言之间的差异。首先，引导学生了解不同国家和地区的文化特点、传统和价值观，以及影响词汇、句式和表达方式的因素。文化感知能力是指学生对不同文化之间的相互联系和交互影响的理解和洞察力。在英语翻译教学中，可以通过阅读和讨论各种文化现象、事件和文本来培养学生的文化感知能力。例如，让学生分析不同文化之间的交流方式、形式和含义，并明确文化背景对于言语行为的影响。

在英语翻译教学过程中，引导学生意识到跨文化交际中不同文化背景所产生的误解和冲突，从而培养学生尊重和包容他人文化的意识和能力。例如，在翻译过程中，让学生意识到自己可能因为对目标文化缺乏了解而翻译出错误的含义，以及如何避免这种错误。

语用能力指学生理解、运用并正确处理源语言和目标语言的语境和情景的能力，只有具备准确的语用能力，学生的表达才能体现"准确"和"适当"的原则。在英语翻译教学中，可以通过模拟真实场景、角色扮演等方式培养学生的语用能力。例如，在模拟翻译任务中考虑社交礼仪、贸易规则等跨文化因素，来提高学生的语用能力。

在英语翻译教学中，要引导学生思考如何进行不同文化之间的转换和适应，以及如何通过翻译实现不同文化之间的有效沟通和交流。在讲解翻译过程中，需要强调不同文化之间的差异和共性，以帮助学生更好地理解和运用所学知识。

（二）提高教师综合素养

作为英语翻译教师，必须有较强的跨文化意识，在教学中能够充分考虑到文化差异所带来的影响。首先是认知上的跨文化意识，即通过各种途径，了解不同国家和民族的文化、历史、宗教、传统习俗等方面的信息，这样才能更好地理解不同文化下语言习惯与传统方式；其次是情感上的跨文化意识，即拓宽视野，欣赏和尊重其他文化，并在与其他人交流时保持开放和包容，消除不必要的误解和刻板印象。

英语翻译教师需要具备优秀的英语语言能力，既要掌握语法、词汇、语音等基础知识，又要有流利、准确表达的能力，在跨文化教学中扮演着重要的角色。因此，教师应该通过各种途径不断提高自己的英语语言水平，如阅读、听力、口语、写作等方面。另外，还应该了解英语国家的社会习惯和行为规范，学会正确运用礼貌用语、文化隐喻等跨文化交流技巧。

作为一名英语翻译专业教师，翻译技能是必不可少的，因此需要在翻译技能上下功夫。首先是对语言和文化的深刻理解，包括语法、词汇、语音等语言方面的知识，以及文化、历史、社会、心理等方面的知识。其次是对翻译过程的认识，包括翻译的目标、方法、策略等方面的知识。最后是翻译实践的练习，即通过大量的翻译实践来提高翻译技能。

除了需要具备较高的语言和翻译技能外，英语翻译教师还应该具备较强的专业素养，包括了解教育学、翻译学、语言学等相关学科的基本理论和应用知识，以及掌握教学设计、评估、反思等能力。教师应该注重自我提升，通过参加各种培训、学术交流、教育实践等方式来不断提高自己的专业水平。通过以上四个方面的努力，可以有效提升英语翻译教师的综合素养。

跨文化理论作为一个指导性理论，为英语翻译教师的研究和实践提供了重要的理论依据和方法支持。同时，英语翻译教师需要在教学实践中不断探索跨文化教学方法、策略、技巧，切实提高课堂教学的质量和效果。

第三节　中外文化翻译教学

一、中外文化翻译教学的理论基础

语言是文化的载体，文化是一个民族思维方式、价值观和社会心态等的共同取向，是民族精神、民族凝聚力和民族智慧的总根源，因此语言翻译从某种程度上说就是不同民族间文化的沟通、文明的传递。由于各民族所处的自然环境和人文环境的不同，形成了各民族异彩纷呈的文化特色，这其中就包括语言文字的差异。而翻译，就是通过缩小这种语言文字间的隔阂，为不同区域的文化交流扫除障碍，译者的文化沟通力不仅决定着翻译的质量与水平，还决定着能否客观地、真实地实现中外文化传播的深刻内涵与精髓。鉴于此，在翻译教学中，我们必须教会学生理解并认识到翻译不仅仅是文字语言符号的转换，而是文化的交流与沟通，这就要着力培养与提升他们在翻译实践中的中外文化沟通能力、传播能力和交际能力。

中外文化翻译教学主要以建构主义和体验主义为教学理论的基础。它将两种教学理论有机地结合起来，形成自身的理论体系。

建构主义学习理论是行为主义发展到认知主义之后的进一步发展。强化客观主义、环境主义是行为主义的基本主张。在教学上就是通过强化建立"刺激—反应"联结；教学目标为传递客观的知识，学习目标即在传递过程中达到教学目标，也就是说，达到与教师相同的理解。在这种传递过程中无视了学生的理解及心理过程，而认知主义在采用客观主义传统的同时，强调学生内部的认知过程，以帮助学生将外界客观事物内化为其内部的认知结构，这是认知主义与行为主义的不同之处。

建构主义则是认知主义的进一步发展。杜威、皮亚杰、布鲁纳及维果茨基等人都对建构主义的发展产生了不同程度的影响。杜威的经验学习理论及维果茨基的文化历史论，虽未提及建构主义，但对其出现有着重要的促进作用。建构主义最早出现在皮亚杰的教育思想中，可以说皮亚杰是建构主义的奠基者。随后在布鲁纳的思想中也出现了建构主义，他们的学习观主要用来解释怎样使客观知识结构通过交互作用内化为认知结构。所有的这些都对当今的建构主义学习理论产生了深远的影响。

建构主义本身并不是一种学习理论流派，而是一种理论思潮，并且目前处在发展过程中，尚未达成一致意见，存在着不同的取向。建构主义四种最主要的取向是：激进建构主义、社会建构主义、信息加工建构主义、社会文化取向。

激进建构主义是在皮亚杰思想的基础上发展起来的，其主要代表人物为冯·格拉塞斯费尔德和斯特菲。其有两个原则：知识由主体主动建构，而建构通过新旧经验相互作用来实现；认识的机能是适应原有的认知世界，帮助组织自己的世界。

与激进建构主义不同，社会建构主义主要以维果茨基的理论为基础，其代表人物为鲍尔斯菲尔德和库伯。它在一定程度上对知识的客观性和确定性提出了质疑，但又比激进建构主义温和。它认为学习是学生个体建构自己知识和理解的过程，知识不仅是个体与物理环境相互内化作用的结果，语言等符号在此过程中同样具有极为重要的意义。

社会文化倾向与社会建构主义较为相似，也是受到了维果茨基的影响，把学习看成是建构过程，关注学习的社会性。然而与社会建构主义不同的是，它认为心理活动与一定的文化历史及风俗习惯背景相联系。它着重研究不同的文化、时代和情境对个体学习及问题解决等活动的影响。这种观点倡导师徒式教学。

信息加工建构主义不属于严格意义上的建构主义，它认为学习不是被动的 S-R 联结，而是一个积极的心理加工过程，包含了信息的选择、加工及储存等复杂过程。它着重强调了原有经验的作用，而忽视了新经验对原有经验的影响。

建构主义虽然有不同的取向，但各种取向之间有一定的共识。它们认为学习能力是学生在一定社会文化背景下借助他人的帮助，利用必要的学习资料，通过意义的建构方式来获得的。

传统的学习理论多注重教师的传授，将学习过程看作"传授—接收"的过程，这种观点不利于培养学生的学习能力及思维能力，不利于学生的全面发展。建构主义是为打破这种旧有的学习理论而产生的，具有自己独特的教学观点。在知识观上，建构主义不再将知识看作是客观的、固定的，而将其看作是动态的，是一种解释或者假说。当然，这种动态的知识观对我们传统的教学提出了挑战。但这并不是说课本知识不能当作真理传授给学生，而是说学生接受这个真理的过程应该是其自身对知识的建构过程，而不是将其作为预先确定的东西教给学生。学生对知识的学习只能是通过自身的意义建构完成的。建构主义的学习观、学生观及教学观都与其知识观有相似之处。在建构主义看来，学习过程不是被动的接收过程，而是主动的建构过程，这种过程只能由学生自己完成，当然，此过程中可以有他人的帮助。学生并不是"空着脑袋"走进教室的，他们在生活中已经积累了很多的知识经验，学校教育就是让他们脑海中的这些经验知识重新建构，形成他们所需要的深层次的知识。因此，在教学过程中，我们要充分考虑到学生的意义建构，尽可能创设有利于建构发生的情境。在教学过程中，教师不再是单纯的知识传授者，而是引导者、协助者，其任务是帮助学生完成意义建构，获得自身需要的知识。

由于当今的建构主义强调知识的动态性、学生经验世界的丰富性与差异性、学习的主动建构性、社会互动性及情境性。因此，原有的以教师为中心，"讲授—接收"式的教学模式已不能适应其需求，必须寻求一种新的教学模式，以适应建构主义学习理论。建构主义教学模式以学生为主体，注重学生在教学活动的实践。把课堂教学与学生的探究、实践活动密切结合起来，倡导并鼓励学生真正地参与到课堂的各个环节中，把时间和机会彻底交给学生，让学生感受到自身价值在课堂的体现，完成从被动学习到主动学习的转变。所以，学生最终获得知识的多少并非取决于教师讲解内容的多少及自身的背诵和记忆的能力，而是取决于学生凭借自身固有的旧知识去建构有关新知识意义的能力。建构主义强调以学生为中心，重视学生原有经验知识，将教学与学生的主动建构完美地结合起来。这就要求在教学过程中，教师要创设有利于学生意义建构的教学情境；学生之间要相互协作，即合作学习。简单说来，建构主义教学理论观主要包括以下 4 点。

①认识活动都含有一定的认识结构，涉及图式、同化、调节和平衡等基本概念，学生在与环境互动中逐步构建起关于外部世界的知识，发展认知结构和认知能力。

②学生的心理发展水平和程度受社会制约，环境对个体身心发展起着重要作用。

③教师应为学生创设良好的教学环境，激发其学习的积极性，引导其探究学习规律，提高知识水平。

④学习过程包括情境、协商、会话和意义建构等要素。建构主义教学理论的特点是：主动求知性、探索性、研讨交往性、师生互动性、生生互动性、（意义）动态建构性、知识环境直观性、自主智能拓展性和知识结构性等。

体验式教学理念源于认知语言学的体验哲学观，其观点主要有以下 5 点。

①人对世界的体验依靠感官，不同感官有各自特定的体验感知性。

②体验过程具有时空性。

③时空体验认识具有概念的跨域性，即空间位置和运动概念可用来解释许多其他语义域。

④概念发展与建构具有路径性和互动性，即人将所体验的特质通过语言转化为概念表征来认识体验的对象。

⑤不同民族产生和习得词汇概念的体验性具有差异性，意义约定俗成与民族生活、文化心理密切相关，词义形成与引申具有一定习惯性。体验式教学理念的特点是：语言成因的心理性、心智性、概念性、体验性、思维性、视闻性、理据性、现实性、摹写性和规律性等。

中外文化翻译教学模式的理论观主要有以下 5 点。

①语词概念具有不稳定性和语境化意义嬗变的动态性，学生应把握概念在语境中的变化路径和理据。

②学生应领会不同语言使用者运用语言概念的共性与特性及其背后的语言、意义、思维与心智的可体验性。

③语篇话语层也具有可体验性，语境可创造语篇，语篇也可创造语境，学习建构语境关涉社会经验问题。

④学生应在理解源语各类意义的基础上，着力勾画出原作者所欲描写的现实世界和认知世界，并力求内容与形式在目的语中达到最佳语境适切性的统一。

⑤中外文化翻译教学模式的特点是：注重概念、对象、认知方式、心智、感官、思维、语境建构等诸多因素互动的意义体验性和建构性。

二、中外文化翻译教学整合体系

（一）中外文化翻译教学体系

在翻译教学创新中，不少教师强调真实环境下的协作式翻译教学模式。比如，林克难提出采用进入角色、模拟实情的教学法；刘宓庆、陈葵阳、曾利沙等提出在强化学生翻译实践能力过程中，提升认知思维能力和语境关联下的概念或命题语义嬗变的理解能力；廖志勤对个性化笔译教学中的知识构建进行了描述；王金波认为应在翻译培训中加强学生个性化、自主性学习及教学活动的真实性。这些研究从原则、理念、方法、手段、经验知识等层面提出了有益的笔译教学建议，但未能整合以形成一套可描写、可阐释、可操作的范畴体系，不能将归纳与演绎并举，也没有通过开放性模块化方式建构学生的知识结构，以认识翻译实践的区间规律性。杨自俭指出翻译教学和教材建设应是知识体系与理论体系、技巧体系三位一体的范畴体系，这样才能培养出有创造能力的人才。

（二）中外文化翻译教学策略和教学环节

在实例选取上要突出典型性、生动鲜活性、富有趣味性、题材广泛性、问题凸显性、激发潜能性，赋予语言翻译之美感、文字翻译之韵律、文学翻译之神韵、文化翻译之融通。总的教学策略是：简化目的、深化认识、突出问题、多维探索、集中量补、教辅结合。

简化目的是指要求学生针对整个笔译教学内容集中回答一个理论问题：什么

是翻译（或译什么）？但是，他们必须给出 N 个答案，对于每个答案必须给出 N 个典型译例进行证实，证实又必须包括理据与方法两部分。

深化认识是指教学环节自始至终都从反映不同题材和体裁实践问题的特征分析出发，而并非从理论出发。教师力求问题解析过程由浅入深、由点到面，对推论过程辅以各种视觉性强的手段给予程序化证明，对不同性质和关系的问题用不同颜色进行对比标示，形成"问题形态—问题性质—问题原因—解决方法—方法理据—经验总结—理论认识"的认识链。

突出问题是指 90 分钟教学安排分为 3 个环节：30 分钟 PPT 形式学生潜能开发报告（3 人一组，每人约 10 分钟解析和总结 3～5 个典型问题），30 分钟教师引导的单句 / 句群翻译问题解析，30 分钟教师启发下的学生语篇 / 语段翻译过程解析讨论。3 个环节都应突出翻译理解或表达的难点与重点，并能反映不同文本类型的典型特征：文学性、风格性、抽象性、隐晦性、模糊性、隐喻性、间接性、经济性、不定性、召唤结构、缺省性、空白性、语境性、关系性、连贯性、衔接性、互文性、象征性、多义性、歧义性、变异性、陌生化和个性化等。

多维探索是指问题解决的理据化与方法化。例如，将荀子的"以类度类"和"以道观尽"思想转化为翻译教学方法——开放性经验模块，即教师的解析和学生的报告都以"类"的方式突出具有相同理论认识与方法价值的翻译问题，同中有异，异中有同，举一反三，触类旁通。经验技能或要点总结是自下而上（从实践到理论）的典型归纳，拓展对"道"的区间规律性认识，丰富翻译知识结构。

集中量补是指在每学期前 4 周的准备阶段，例如，通过提供课外辅助材料的方式对毫无翻译理论与实践基础的学生进行短期"充电"。将必要的翻译理论与知识以专题讲义形式发给学生用于课外集中阅读，如翻译的性质与原则、中西翻译史概述、异化与归化、形合与意合、横组合与纵聚合、地名人名译法、有灵 / 无灵主语、话题句译法、习语翻译、声色词译法、倍数译法、文体与翻译及译字和译意与译味等。从若干翻译教材中收集 10 余种常用技法发给学生，打好小组潜能开发报告的技能运用基础。将往届学生的数十个优秀报告推荐给学生参考，明确报告的结构要素和陈述要求。

教辅结合是指除了课堂内对学生启发、引导与能力拓展外，还要求学生在潜能开发报告中开展翻译批评性实践。比如，从出版的名家译本中选取材料进行比较分析，不仅能对其中的佳译从理解与表达两方面进行经验总结，还要求能发现其中的不足和有待加工完善之处，甚至误译和错译，并说明问题性质，提出建设性译文。学生进行"问题—解决方法"报告（每组 10～15 分钟），教师进行有针对性的点评和总结。无论对学生还是对教师探索、解决问题的过程都是应对挑战和开发潜能的过程。

其中，在 90 分钟课堂的教学中，课堂教学的第三个环节是针对语篇／段的教学，开展的是真实环境下的翻译活动，因为学生毕业后的翻译活动不是孤立的单句或句群翻译，而是特定语境条件下的文本翻译。这一环节要解决 3 个重要问题。

第一，明确宏观语篇语境的建构及其关涉的社会历史文化的可体验性对概念、命题语义或含义生成的制约关系。

第二，利用情景与场景模拟再现或用图片、视频等辅助手段，激发学生的体验参与性和语境意义建构意识。

第三，对难点与重点问题采用程序化推导机制的描述方法。针对第一个问题，本书系统建构了"语境参数论"，将传统上"只可意会，不可言传"的语境论具体化为一系列可分析、可定性、可描述、可推论、可操作的参数体系。针对第三个问题，教师可以运用不同颜色进行标注，并用箭头、符号、插图、概念表征及动画将意义生成的过程、理据、方法等程序性地展开，让学生直观考察语篇意义生成机制的认知性、体验性和建构性。

（三）中外文化翻译教学特点

教学特点在于在探索、解决问题过程中突出"毫发剖析"精神，使翻译内容剖析和描述过程生活化、形象化、情感化、关系化和社会化。教师应努力做到以下四点。

①体现导演般的角色诱导性、情节解说性、演绎的激情性和入微的观察性。

②激发学生自信心，开发双语潜能，培养经验法则概括力，培养理论运用与实践的自觉性。

③使学生充满思维张力和体验活力。

④拓展学生的全景视域与多向度思维。

教学特色在于从语言符号的解码到译文的编码形成经历一系列具有内在关

联性的语境参数化运作的认知过程：符号激活意象—意象激活想象—想象激活参与—参与激活体验—体验激活知觉—知觉激活意义—意义激活情境—情境激活模拟—模拟激活行为—行为激活关系—关系激活描述—描述激活建构。这一特色贯穿于第二个教学环节。教师在此环节的中句或句群翻译过程中应注意三点。

①精选能反映不同层次和不同性质翻译问题的典型案例，以便融入各种翻译理论与方法。

②最好有两三个能建构模拟情（场）景、体验人物心理、通感自然景物等的实例，引入学生的角色参与与互动，使他们体验语言摹写现实与重构的过程。

③对于难点问题的译文生成过程应力图形象化、生动化、幽默化、联想化、道具化和图式化，帮助学生拓宽视野，以不同方式回答"什么是翻译"的本质问题。教师可以在课堂上营造典型实例的情景或设置角色参与环节，力求学生通过直观体验感受语言反映生活或人物情感关系的特点。

在教学环节中，潜能开发报告与教师评价是中外文化翻译教学比较有特点的一个环节。潜能开发报告旨在培养学生的能动性和自证与他证的批评意识。对于教师来说，要在有限课时内普遍提升学生的文学翻译能力是十分困难的，但培养其毫发剖析的精神、严谨细致的态度、多维拓宽的视野、追求优质的意识却是可行的。该教学环节有以下四点要求。

①选材与篇小组依据兴趣自选体裁，如散文、杂文、小说、童话、英诗、古汉语诗词、论说文、说明文、政论文、影视作品等语篇或节选，篇幅在 1000 词 / 字左右。

②突出问题：应有反映理解与表达难点和重点的问题（最好具有挑战性），能对问题定性和归纳分类，形成经验理论的认识。

③客观依据与主观理据：解决任何概念问题都必须以词典释义与语境参数为客观依据，尤其是要查找或收集与内容相关的图片、资料、视频等，提供社会历史文化知识信息，继而考察其常规语义在各种语境中的意义嬗变形态，描述思维运作与意义建构的主观理据。

④结构完整：作者简介＋译者简介＋原文体裁和语言风格特点的简要概述＋过程分析与翻译问题评析（突出语言点和翻译问题性质）＋小结＋经验要点总结＋

参考文献。潜能开发的有效形式之一就是建议学生选取有一定难度的名篇名著片段，先自译自评，并对难点、重点问题的解决方法与理据进行自证，然后对照名家译文进行审读，找出优劣的原因，对问题定性，总结经验，发现不足和欠完善之处并提供建设性译文。这种研习能拓宽学生的多维视野和问题定向，如理解深度、表达措辞、风格特征、人物形象刻画、情感特征表现等，培养学生细致入微的文本观察、审读能力和文学翻译的艺术再现、表现能力。

第四章 英汉语法文化对比翻译

本章的主题是英汉语法文化对比翻译，共分为四节进行详细论述，分别为：英汉词语文化对比翻译、英汉句法文化对比翻译、英汉语篇文化对比翻译、英汉语用文化对比翻译。

第一节 英汉词语文化对比翻译

事实上，任何语言的词汇既在原有词汇的基础之上丰富和扩展，同时还处于一种动态的变化、发展的过程中。英汉两种语言也是如此，词汇作为语言中的基本要素，不同语言的词汇在其发展的历史上形成了固有的特点，但也会随着文化的交流产生深度的融合与交流等。下面就对英汉词汇的整体差异进行对比和探究。

一、构词对比

（一）构词形式

1. 前缀

英语词汇常用的前缀约 130 个，汉语只有几十个，前者如 auto-、pre-、anti-、mis-、un- 等；后者有自、前、反、非、不、超等。英汉前缀在意义上基本呈一种对应关系，如"pre-"对应"前"，"anti-、counter-"对应"反"，"ir-、un-、de-、a-、im-"对应"不"等。主要不同有：一是汉语部分前缀在英语中没有对应表达，如阿、初、本、第、老等；少数汉语前缀与英语后缀对应，如汉语前缀"能、使"与英语后缀"able"对应，可能行的——workable、使人舒服的——comfortable。汉语前缀"使、变"与英语后缀"-en"对应，变硬——harden，使某人更强——

strengthen；汉语前缀"女"与英语后缀"-ess"对应，女招待——waitress，女演员——actress。二是英语大部分前缀（en-，a-，be- 除外）只能改变词义，不能改变词性；而汉语绝大部分前缀两种功能均可，如"超＋速"即"超＋名词"改为动词"超速"，"打＋工"即"打＋名词"改为动词"打工"。

2. 后缀

英语后缀有 220 个之多，其中名词后缀 100 多个，例如，-sion、ness、-ation、-ist、-ity 等；形容词后缀近 80 个，例如，-icy、-ive、-ent、ary、-ory 等；其他的是副词、动词等的后缀，例如，-ize、-ise、-ify、-ward、-wise 等。汉语后缀不多，主要是名词后缀，例如，头、员、性、主义、分子等。语义上，所列英汉后缀基本呈对应关系。主要不同有：一是汉语后缀"头、儿、子"没有相应的英语后缀，如桌子、来头、头儿等；二是汉语中有一种三音节后加式词语，内词根和一个叠音后缀组成，英语中没有对应的后缀，如黏糊糊、灰蒙蒙、酸溜溜等；三是汉语中一些派生出的新词语，英语中也没有对应的后缀，如上班族、考研热、危机感等词里后缀"族、热、感"等；四是英语的构词形态很少使用句法关系，而汉语后缀构词法引入了句法关系，且应用广泛，如汉语后缀生成的词语中含有动宾关系如"布道师"，主谓关系如"私有化"，并列关系如"压榨机"等。

（二）构词方法比较

1. 复合构词法

英、汉语的构词法都很发达。英语和汉语中都存在大量的复合词，其中以名词居多。就复合词的句法关系来看，英、汉语分四种：主谓、动宾、偏正和并列。但是有时在同一种句法逻辑关系中，英汉复合词在结构格式上仍然存在不同，如同为动宾关系的"letter-writing"和"写信"，前者为"letter（名词）+writing（动词）"，后者为"（写）动词＋（信）名词"；同为主谓关系的"earthquake"和"地震"，前者为"earth（名词）+quake（名词）"，后者为"地（名词）＋震（动词）"；同为偏正关系的"grandfather"和"祖父"，前者为"grand（形容词）+father（名词）"，后者为"祖（名词）＋父（名词）"。

2. 转化构词法

通常英汉语转化法构词类型主要有名动、形动、形名之间的转化。英语有时有语义和语音的变化，如"drink"由名词转化为动词，既有"喝"的意思，还有"吸收"的意思；"digest"由名词转化为动词时，重音由第一个音节移到第二个音节。汉语也涉及语音变化，如"种"由名词的上声转化为动词"种"的去声；但是英语同一个词可以有多种转化，形容词"like"可转化为连词、动词、介词和名词等。而汉语同一个词一般只在两种词性之间转化，如书写—写字（名词—动词）、老年—老—个人（形容词—动词）等。

3. 缩略构词法

英汉语都广泛使用缩略语，但构词方法有不同。英语常用的缩略法有：融合法，如 motel（motor+hotel）汽车旅馆；首字母拼音/拼缀法，如 sonar（sound navigation and ranging）声呐装置；截短法，如 mobile（mobilephone，截去尾部）移动电话，fridge（refrigerator，截去头尾）冰箱，phone（telephone，截去头部）电话。汉语常见的缩略法有：并列式，如"教学"（教育＋学习）；动宾式，如"投产"（投入＋生产）；偏正式，如"特警"（特殊＋警察）；同数字法，即采用缩略对象中相同的字，在该字前冠以缩略对象的数目而构成新词，如我们熟悉的"五讲"（讲文明、讲礼貌、讲卫生、讲秩序、讲道德）；求同存异法，即采用缩略对象的相同成分，和所剩不同成分结合构成新词，如"指导员"（指挥员、教导员）；去同存异法，即去掉缩略对象相同的部分，然后将不同成分合并构成新词，如"亚非拉"（亚洲、非洲、拉丁美洲）；还有一些约定俗成的特殊缩略形式，如"新马泰"（新加坡、马来西亚、泰国）等。唯有掌握缩略对象的构成规律，在翻译时找出原词或词根，参照上下文从词形上加以判断，除了新造词外，它们的新义才不会与原词或词根的本义相距太远。

二、英汉词类对比

从词类方面来看，英语和汉语在词类上大体一致，都有名词（noun），动词（verb）、形容词（adjective）、代词（pronoun）、副词（adverb）、介词（preposition）、连词（conjunction）、感叹词（interjection）。但是汉语量词，如个、本、只等，英语没有量词。在英语里多是名词表示汉语量词的意思，称其为"表量词"，如 inch、yard、mile 等；汉语有语气助词，如之、啦、呀等，英语没有。英语有冠词，如 a、an、the，汉语里没有；英语中的关系代词和关系副词在汉语中没有对应的词类。然而，词类空缺并不表示不能翻译，只要词汇有意义，都能用语言表达，这是语际翻译得以存在的根本原因。下面就英汉词类上的不同分述如下。

（一）英语冠词的翻译

当不定冠词 a、an 表示数的概念时，和"one"同源，表示"一"。

不定冠词还可以泛指种类，英译汉时，通常不必译出。

定冠词"the"表特指时与 this、that 意思相同，即对话人双方都明白指的是谁或什么。

（二）英语的关系代词和关系副词的翻译

若关系代词指物或人，可用其所指代的名词来翻译，也可用"他（们）、她（们）、它（们）"等代词翻译；关系副词"where、when"则可用汉语的介词短语"在某地、在某时"等翻译。

（三）汉语量词的翻译

汉语中的量词常和数词结合成数量词，而英语没有量词，所以译成英语时，一般只译数词，而不译量词。如"三个工人"译成"three workers"。但是，汉语中的量词也可以翻译成一些表示量的概念的名词。这种特殊量词，在结构上采用"名词 +of+ 名词"等形式。

第二节　英汉句法文化对比翻译

句子是能够独立表达完整语义的语言结构单位，是比词语更高一级的语法层次。由于使用英汉语的民族在心理特点、思维方式、语言发展历史等方面的不同，英汉两种语言在句法文化方面也存在很大差别。下面我们首先对英汉句法文化进行对比分析，然后在此基础上讨论句法文化层面的翻译方法。

一、英汉句法文化的对比

简单来说，英汉句法文化的差异主要表现在修饰语的位置、语序、结构、连接方式、句型层次及被动语态等方面。

（一）语序的对比

英汉两种语言在构建句子和安排句子内各小句顺序方面，存在一些相似之处，但是也存在很多不同。

1. 英语的突显语序

英语偏好突显语序。英语句子在陈述信息时，通常将重要的信息置于句首。

突显顺序在信息安排方面的处理原则主要包括以下 3 条：先因后果；先前景，后背景；先表态，后叙事。

（1）先果后因

英美人在表达时通常习惯先说结果，后表明原因。因果关系多体现在主从复合句中。

例：There are many wonderful stories to tell about the places I visited and the people I met.

译：我们访问了一些地方，遇到不少人，要谈起这些，我有许多奇妙的故事要讲。

本例英语原文依据先结果后原因的原则，将信息中心放在了句子的前面。

（2）先前景，后背景

前景通常是指信息的焦点、重要的信息；背景则指事件发生的时间和地点及其他伴随状况等次要信息。英美人习惯将最重要的信息置于句首，然后再给出背景。

（3）先表态，后叙事

当句子中叙事部分和表态部分同时存在时，英语通常会先表态，后叙事，表态部分通常很简短，叙事部分则相对较长。英美人通常是先表达个人的感受、观点、态度及结论，他们认为这比较重要，然后才交代理由与事实，形成一种头短尾长的结构形式。

2. 汉语的时序统御

汉语句子主要是依循事件的自然进程而铺展的。自然时序在信息安排方面的处理原则如下：先偏后正，先因后果；先背景，后焦点；先叙事，后表态。

（1）先偏后正，先因后果

在汉语中，不论是什么语体，句子的排列结构往往是先偏后正，先因后果，这一点是符合时序规律和逻辑规律的。相比而言，在英语中，这些句子要素的位置则较为灵活，可以在前，也可以在后，原因在于英语的形态形式手段多于汉语，可以很好地控制语义关系。汉语在表达分句之间的关系时，通常是依靠整体的语义连贯和相对固定的语序来实现。

例：他身体很弱，不能动手术。

译：He cannot be operated as he is very weak.

在本例中，汉语原文首先表明原因，然后给出结果。而英语的语序则正好相反。

（2）先背景，后焦点

汉语句子一般是先介绍背景情况（如地点、时间、方式等），接着点明话语的信息中心。

例：我们进来的时候，他正坐在火边。

译：He was sitting by the fire when we entered.

在本例中，汉语原句先介绍了时间信息"我们进来的时候"，然后点出信息中心"他正坐在火边"。译成英语，语序与之相反。

（3）先叙事，后表态

在汉语中，通常是先叙事，再做出评判与表态。

例：有朋自远方来，不亦乐乎。

译：It is a great pleasure to meet friends from afar.

在本例中，汉语原文将叙事的部分放在句首，然后进行表态，这与汉语的定语修饰语与中心语的顺序一致。

（二）结构的对比

1. 英语的句子结构

英语凸显主语，句子往往会受形式逻辑的制约，采用"主语—谓语"结构，并且主语与谓语之间有着紧密联系，构成了英语常见的主谓句。

一般而言，英语语言中会运用各种连接词将具有限定、修饰、补充、并列等作用的短语或者从句附于主干上，因此英语句子多为树形结构。

例：This is the cat that killed the rat that ate the malt that lay in the house that Jack built.

译：那只偷吃杰克房子里麦芽的老鼠，被这只猫捕杀了。

上例英语原文有明显的主谓结构，其中主谓句是 "This is the cat"，然后由后面 "that" 引导的从句附于这一主干上，对主干进行修饰和限定。

2. 汉语的句子结构

汉语凸显主题，句子往往会受思维逻辑的制约，采用 "主题—述题" 结构，其中主题一般是已知的信息，指的是说明的对象；而述题是未知的信息，是对上述主题的描写、叙述、解释、评议等。

一般来说，汉语的主谓宾结构排列比较松散，往往依靠句子成分间的隐形逻辑来贯穿，表达完整意义，就像一个个小竹节，因此汉语句子多为竹形结构。

例：爱子心切，母亲背着小儿子、拖着大儿子，在冷雨中徒步行走了 40 千米的冰路。

上述汉语例句并没有使用 "由于""因为" 等连接词语，但是根据短句间的逻辑关系，可以完全读懂其存在的因果关系，且句子中使用了 "背""拖""行走" 等多个动词直接连接，不需要任何其他连词。

二、英汉句法文化的翻译

（一）比较句的翻译

1. as...as... 及其衍生句型的翻译

（1）as...as... 句型的翻译策略

as...as... 句型表示两者比较程度相同，因此可译为 "……和……一样……"。

例：The economic development in our country is as stable recently as formerly.

最近，我国的经济发展和以前一样稳定。

（2）not so much...as... 句型的翻译策略

not so much...as... 句型一般译为 "与其说……不如说……"。

例：The oceans do not so much divide the world as unite it.

译：与其说海洋把世界分割开来，还不如说是海洋把世界连接在一起。

（3）not as（or so）...as... 句型的翻译策略

not as（or so）...as... 句型表示两者的程度不同，前者不如后者，因此一般可译为 "……不如……"。

例：People are not so honest as they once were.

译：人们现在不如过去那样诚实了。

（4）not so much as... 句型的翻译策略

not so much as... 句型通常可以译为"甚至没有……""甚至不……"。

例：She hadn't so much as her fare home.

译：她甚至连回家的路费都没有了。

2. more...than... 句型的翻译

（1）more…than…句型的翻译策略

英语中 more…than…句型之后词语的词性不同，意义也不同，如后接名词或动词，意思是"不只是……"；后接形容词、副词或分词时，意思是"非常，极其"；后接数词时，意思是"多于……""……以上"；翻译时应根据具体情况选用不同的汉语词语。

例：I have no more than ten dollars in my pocket.

译：我口袋里还有十多美元。

（2）no more...than... 句型的翻译策略

no more...than... 句型在意义上表示对两者的否定，因此可译为汉语的"和……一样不""既不……也不……""……和……两者都不""不……正如……"。

（3）more A than B 句型的翻译策略

more A than B 句型一般用于比较同一个人或事物的两个不同性质或特征，翻译时可译为汉语中的"与其说 B，不如说 A"。

（二）被动句的翻译

1. 译为被动句

一些形式较为单一的英语被动句都是着重被动的动作，因此可以翻译成带有"被、遭（到）、受（到）、为……所……"等标记的汉语被动句。

例：The metric system is now used by almost all the countries in the world.

译：公制现在被全世界几乎所有的国家所采用。

2. 译为主动句

将英语的被动句译为汉语的主动句是很常用的方法，这种方法通常保持英语原文的主语，只是不译出"被"字。

例：Temperature is quickly changed from room temperature to 125℃ is held there for 15 minutes.

译：将温度从室温迅速升高到 125℃，并保持 15 分钟。

3. 译为判断句

在某些情况下，被动句还可以译为汉语中的判断句，也就是"……是……的"句式。这就使句子的主语成为句中谓语动词的承受对象，符合汉语表达习惯。

例：Many car engines are cooled by water.

译：许多汽车发动机都是用水冷却的。

4. 译为无主句

英语受严格的主、谓、宾结构限制，而汉语表达比较灵活，句子中可以没有主语。因此，英语的被动语句有时可以翻译成汉语的无主句。

例：The unpleasant noise must be immediately put to an end.

译：必须立刻终止这种讨厌的噪声。

此外，一些由"it is+ 过去分词 +that"从句构成的英语被动句型，在汉译时也往往被译为汉语的无主句。

5. 增加主语

有些英语被动句并未出现表示行为主体的词或词组，在翻译这类句子时，可适当增添一些不确定的主语，如"人们""我们""有人"等。

例：The issue has not yet been thoroughly explored.

译：人们对这一问题迄今尚未进行过彻底的探索。

6. 译为"把"字句等

英语中的一些被动句在汉译时，可以译成汉语中的"把"字句、"使"字句、"由"字句。

例：This letter was written by the president himself.

译：这封信是由总统本人写的。

（三）否定句的翻译

英语中的否定形式相当灵活。常见的英语否定句主要包括全部否定、部分否定、双重否定等。在对否定句进行翻译时，应对原否定结构进行仔细分析，准确理解其真正含义及否定词所否定的对象或范围，结合其逻辑意义，选用合适的翻译策略进行翻译。

1. 全部否定的翻译

全部否定是对句子否定对象进行全盘、彻底的否定。英语中常用的全部否定词和词组包括 no、not、never、none、nothing、nobody、no one。在翻译全部否定句式时，通常可直接翻译全部否定词，但应确保符合译入语表达习惯。

例：Nothing in the world moves faster than light.

译：世界上没有任何东西比光的速度快。

None of the answers are right.

译：这些答案都不对。

2. 双重否定的翻译

双重否定是两个否定词连用，否定同一个单词，或一个否定词与一些表示否定意义的词连用，由于其否定意义相互抵消，从而使句子获得肯定意义。双重否定句式一般有两种译法：译为汉语的双重否定句；译为汉语肯定句。

例：No one has nothing to offer to society.

译：人人都可以为社会奉献点什么。

3. 部分否定的翻译

部分否定指的是整个句子中部分是肯定意义，部分是否定意义。部分否定句式一般由代词或副词与否定词组合而成。这些代词或副词有 both、every、all、everything、everybody、entirely、wholly、everywhere 等。英语部分否定句式一般可以译为"不都是""不总是""并非都""不一定总是"等。

例：Both of the instruments are not precision ones.

译：这两台仪器并不都是精密仪器。

（四）强调句的翻译

1.do 引导的强调句的翻译

英语中经常采用词汇手段，用助动词"do"来强调句子中的谓语动词，翻译时多译为"的确、确实"。

例：Acupuncture is promoted as a treatment for pain—and there is absolutely no question that it does in fact provide short-term benefit for many of the people who try it.

译：针灸现在越来越多地被用于治疗疼痛——毫无疑问，事实上针灸的确为这一疗法的许多尝试者带来了短期效果。

2. what 引导的强调句的翻译

以 "what" 开头的主语从句引出的句式 "What 从句 +be" 也是一种强调句型。需要注意的是，当用来强调某一事物时，"be" 动词后多跟名词、名词性结构或表语从句。当用来强调或某一行为时，从句中含有实义动词 "do"，且 "be" 动词后多用不定式结构。在翻译 "what" 引导的强调句时，通常采用顺译法。

例：What I said just now is that you should think before you act.（强调所说的内容）

译：我刚才所说的就是你应该三思而后行。

3. it 引导的强调句的翻译

标准的强调句型是用引导词 "it" 引出的句型结构，即 It is/was...that/who... 结构。所强调的部分位于 "It is/was" 与 "that/who" 之间，其余部分则位于 "that/who" 之后。此结构主要是用来强调句中的主语、宾语和状语的。

翻译 it 引导的强调句时，主要有顺译和倒译两种译法。

（1）顺译法

顺译法先译强调主句部分（that/who 之前的部分），多译为 "（正）是……"。

例：It is the drawbacks which need to be eliminated and which have led to search for new processes.（强调主语）

译：正是这些缺陷需要加以消除并导致了对新方法的探索。

（2）倒译法

倒译法先译强调从句部分（that/who 之后的部分），多译为 "……的，（正）是……"。

例：It isn't James Watt who invented the telephone.（强调主语）

译：发明电话的并不是詹姆士·瓦特。

It was an astronaut that he wanted to be.（强调表语）原先他想当的是一名宇航员。

（五）从句的翻译

1. 状语从句的翻译

（1）让步状语从句的翻译

①译为表"让步"的状语分句

例：While this is true of some, it is not true of all.

译：虽有一部分是如此，但不见得全部是如此。

②译为表"无条件"的状语分句

例：Whatever combination of military and diplomatic action is taken, it is evident that he is having to tread an extremely delicate tight-rope.

译：不管他怎么样同时采取军事和外交行动，他显然不得不走一条极其危险的路。

（2）原因状语从句的翻译

①译为因果偏正句的主句

Because he was convinced of the accuracy of this fact, he stuck to his opinion.

译：他深信这件事的正确可靠，因此坚持己见。

②译为表原因的分句

The crops failed because the season was dry.

译：因为气候干旱，所以农作物歉收。

（3）目的状语从句的翻译

①译为表"目的"的前置状语分句

We should start early so that we might get there before noon.

译：为了在正午以前赶到那里，我们应该尽早动身。

②译为表"目的"的后置状语分句

He told us to keep quiet so that we might not disturb others.

译：他叫我们保持安静，以免打扰别人。

（4）时间状语从句的翻译

对于时间状语从句的翻译，这里以较为复杂的"when"时间状语从句作为例子进行说明。在翻译"when"引导的时间状语从句时，不能拘泥于表示时间的一种译法，要结合实际环境，采用不同的翻译方法。具体翻译方法有以下几种。

①译为相应的表示时间的状语从句

When she spoke, the tears were running down.

译：她说话时，泪流满面。

②译为"每当……""每逢……"结构

When you look at the moon, you may have many questions to ask.

译：每当你望着月球时，就会有许多问题要问。

③译为"在……之前""在……之后"结构

When the firemen got there, the fire in their factory had already been poured out.

译：在消防队员赶到之前，他们厂里的火已被扑灭了。

④译为并列句

He shouted when he ran.

译：他一边跑，一边喊。

例：They set him free when his ransom had not been paid.

译：他还没有交赎金，他们就把他释放了。

（5）译为"刚……就……""一……就……"结构

例：Hardly had we arrived when it began to rain.

译：我们一到就下雨了。

（6）译为条件复句

例：Turn off the switch when anything goes wrong with the machine.

译：一旦机器发生故障，就把电门关上。

（7）条件状语从句的翻译

①译为表"条件"的状语分句

例：If you tell me about it, then I shall be able to decide.

译：如果你告诉我实情，那么我就能作出决定。

②译为表示"假设"的状语分句

例：If the government survives the confident vote, its next crucial test will come in a direct vote on the treaties May 4.

译：假使政府经过信任投票而保全下来的话，它的下一个决定性的考验将是5月4日就条约举行的直接投票。

③译为"补充说明"的状语分句

例：He is dead on the job. Last night if you want to know.

译：他是在干活时死的，就是昨晚的事，如果你想知道的话。"

2. 名词性从句的翻译

（1）主语从句的翻译

以 what、、whatever、whoever 等代词引导的主语从句可按原文的顺序翻译。其中，以"what"引导的名词性关系从句可译为汉语的"的"字结构，或译成"的"字结构后适当增词。

例：Whatever he saw and heard on his trip gave him a very deep impression.

译：他此行的所见所闻给他留下了深刻的印象。

以"it"作形式主语的主语从句，翻译时根据情况而定。可以将主语从句提前，也可以不提前。

例：It seemed inconceivable that the pilot could have survived the crash.

译：驾驶员在飞机坠毁之后，竟然还活着，这似乎是不可想象的。

（2）宾语从句的翻译

以 what、that、how 等引导的宾语从句，在翻译时一般不需要改变它在原句中的顺序。

例：Mr.Smith replied that he was sorry.

译：史密斯先生回答说，他感到遗憾。

用"it"作形式宾语的句子，翻译时"that"引导的宾语从句一般可按原句顺序，"it"不译，但有时在译文中也可以将宾语从句提前。

例：I take it for granted that you will come and talk the matter over with him.

译：我想你会来跟他谈这件事情的。

（3）表语从句的翻译

同宾语从句一样，表语从句一般也可按原文顺序进行翻译。

例：This is what he is eager to do.

译：这就是他渴望做的事情。

This is where the shoe pinches.

译：这就是问题的症结所在。

（4）同位语从句的翻译

同位语一般情况下用来对名词或代词作进一步解释，在翻译时并没有对同位语的顺序做过多的规定，可以保留同位语从句在原文的顺序，也可以将从句提前。

例：They were very suspicious of the assumption that he would rather kill himself than surrender.

译：对于他宁愿自杀也不投降这种假设，他们是很怀疑的。

此外，在翻译时，还可以采用增加"即"或"以为"，或用破折号、冒号将同位语从句与主句分开的方法。

例：But it ignores the fact that, though pilots, we potentially were in as much danger of capture as any covert agent.

译：但却忽略了这一点，即我们虽说是驾驶员，却和任何潜伏的特务一样有被俘的危险。

3. 定语从句的翻译

（1）非限制性定语从句的翻译

英语非限制性定语从句对先行词不起限定作用，只对它加以描写、叙述或解释，翻译这类从句时可以运用前置法、后置法等。

（2）限制性定语从句的翻译

限制性定语从句对所修饰的先行词起限制作用，与先行词关系密切，不用逗号隔开。

（3）兼有状语功能的定语从句的翻译

英语中有些定语从句，兼有状语从句的功能，在意义上与主句有状语关系，说明原因、结果、目的、让步、条件假设等关系。在翻译的时候应根据原文发现这些逻辑关系，然后译成汉语的各种相应的偏正复合句。

（六）长句的翻译

1. 顺译法

顺译法是指按照原句的顺序进行翻译的方法。如果英语句子依照时间先后顺序来描述事件的发生过程，这符合汉语句子的表述方式，在翻译时就可以采用顺译法。

例：Prior to the twentieth century, women in novels were stereotypes of lacking any features that made them unique individuals and were also subject to numerous restrictions imposed by the male-dominated culture.

译：在 20 世纪以前，小说中的妇女都像是一个模式。她们没有任何特点，因而无法成为具有个性的人，她们还要屈从于由男性主宰的文化传统强加给她们的种种束缚。

2. 逆译法

当英语和汉语句子的语义逻辑不一致或完全相反时，应将句子成分的前部分放到译文的后部，或者将后面部分放到译文前面，这就是逆译法。

例：I believe that I interpret the will of the Congress and of the people when I assert that we will not only defend ourselves to the uttermost, but will make it very certain that this form of treachery shall never again endanger us.

译：我断言，我们不仅会尽最大的努力来保卫自己，还将确保这种背信弃义的行为永远不会再次危及我们。我相信，这也是表达了国会和人民的意志。

3. 合译法

合译法是指根据原文的句义关系、主次关系、逻辑关系等因素，将原文中两个或两个以上的英语词语或句子合译为一个汉语单词或句子，或用一个单句表达原文中的一个复合句，从而使译文逻辑更加清晰、内容更加紧密。合译法通常用于句式较短的情况，主要以限制性定语从句为主。

例：Although the size of the task waiting to be carried out is daunting and there are many hurdles to be overcome, it would be wrong to end my address on a note of pessimism.Many countries have already made considerable progress in this regard.

译：尽管等待我们去完成的任务规模之大令人畏惧，尽管有许多障碍有待克服，但是以悲观的调子来结束我的发言是错误的，因为许多国家在此方面已经取得了长足的进步。

4. 分译法

分译法是指把一个由多个成分盘根错节组合起来的长句分译成若干个简洁、明了的短句，使表达尽量符合译入语的行文习惯和译入语读者的审美情趣。

例：The real challenge is how to create systems with many components that can work together and change, merging the physical world with the digital world.

译：我们所面临的真正挑战是如何建立这样一些系统，它们虽由很多成分组成，但可互相兼容，交换使用，从而把物质世界与数字世界融为一体。

5. 调整法

根据英汉两种语言在句法文化方面的一些差异，在翻译过程中往往需要根据实际情况在语序上做一些调整。

（1）根据搭配的需要进行调整

英译汉时，有时原句各成分之间搭配贴切自然，但将其原封不动地译成汉语后，则可能出现搭配不当的情况。因此，需要在翻译时调整相关成分在译句中的位置，使译句符合汉语的表达习惯，读起来通顺流畅。

汉语中词与词之间的修饰关系也很复杂，汉译英时有必要先厘清句中各词语之间的关系。

例：他有个女儿，在北京工作，已经打电话过去了，听说明天就能回来。

译：He has a daughter, who works in Beijing. Someone has phoned her and it is said that she will be back tomorrow.

（2）根据信息重心进行调整

句子通常由已知信息和新信息构成，句子的信息重心通常由新信息构成，即信息发出者想要信息接收者了解的信息。英汉两种语言有各自表示信息重心的特殊手段。英语常用强调句型，如 not（that）...but（that）..., it is/was...that... 等，汉语也通常使用诸如"不是……而是……""之所以……是因为……"这样的句型来强调重要信息。由于这类信息重心带有明显的结构标志，因此很容易辨认，翻译时也比较容易处理。

除此之外，英汉两种语言还经常通过安排语序这一方法来标明信息重心。英汉两种语言在运用这一手段标明信息重心时存在一些差别。所以，英汉互译时一般需要对原句语序进行调整，把原句中的某个成分提前或滞后，以突出句中的信息重心。

6. 重组法

所谓重组法，是指打乱原文顺序，将原句分成若干小的语言单位，再按照译入语的表达习惯重新组织和排列句子语序的翻译方法。重组法的优点在于完全摆脱原句句子结构的束缚，因此比较容易做到译文的行文流畅，但其不足之处是容易产生漏译现象，在翻译时一定要注意。

例：In reality, the lines of division between sciences are becoming blurred, and science is again approaching the "unity" that it had two centuries ago—although the accumulated knowledge is enormously greater now, and no one person can hope to comprehend more than a fraction of it.

原句按照顺序分析有以下 5 层意思。

①科学之间的界限变得模糊。

②科学重新接近"大同"局面。

③这种"大同"局面在两个世纪前就曾存在过。

④现在科学积累的知识比两个世纪前多多了。

⑤没有人能指望在科学的领域里"隔行不隔山"。

翻译时可打破原句的结构顺序，在保持原句含义完整的前提下，按照汉语的语言组织习惯进行翻译。下面是使用重组法译出的译文。

译：两个世纪前，科学处于一种"大同"的状态中。而如今，虽然总体上科学所包含的知识比以前丰富得多，而且任何人在各科学领域里都不可能做到"隔行不隔山"，事实上，科学之间的界限也逐步模糊，科学似乎重新趋向两个世纪前的"大同"。

7. 综合法

实际上，在翻译一个英语长句时，并不只是单纯地使用一种翻译方法，而是要综合使用多种翻译方法，或按照时间的先后，或按照逻辑顺序、顺逆结合、主次分明地对全句进行综合处理，以便将英语原文翻译成自然、通顺、忠实的汉语句子。

例：The phenomenon describes the way in which light physically scatters when it passes through particles in the earth's atmosphere that are 1/10 india meter of the color of the light.

译：这种现象说明了光线通过地球大气微粒时的物理散射方式。大气微粒的直径为有色光直径的十分之一。

该句可以分解为四个部分，第一部分是"The phenomenon describes the way"，第二部分是"in which light physically scatters"，第三部分是"when it passes through particles in the earth's atmosphere"，第四部分是"that are 1/10in diameter of the color of the light"。其中，第一、二部分和第三、四部分之间是修饰与被修饰

的关系。总体考虑之后，我们可用综合法来处理这个句子，即合译第一、二和第三部分，第四部分用分译法，这样译句就符合汉语的表达习惯了。

第三节　英汉语篇文化对比翻译

译者在翻译过程中面对的不仅是两种完全不同的语言形式，而且还需要把握两种语言背后的文化因素。与词汇、句法相比较而言，语篇的翻译难度更大，译者需要具备整体意识，从语篇的整体角度来把握原文的神韵，这对于任何一名优秀的译者而言都是必需的。下面，我们就来探讨当代英汉语篇文化的对比与翻译。

一、英汉语篇文化的对比

语篇是语言的使用，是更为广泛的社会实践，从翻译角度来看，语篇是将这些语义予以连贯，理解和解读这些具有句际联系的语篇。下面首先对语篇的内涵与认知要素进行一个简要的了解，在此基础上分析英汉语篇文化的对比情况。

（一）语篇的内涵与认知要素

1. 语篇的内涵

虽然不少语言学者在语篇语言学研究中投入了大量的心血，然而在语篇语言学中依然存在着难以明确的内容，如语篇的定义问题。语篇往往被认为是由一系列的句子与话段构成的。它的形式也是多样的，可以是对话、独白，也可以是一些人的谈话；可以是文章，也可以是讲话；可以是一个文字标志，也可以是一篇小说或者诗歌。

语篇包含的内容非常广泛，并且形式多样。因此，对语篇进行界定并不容易。本书尝试从功能与结构的角度来界定"语篇"。

从功能上说，语篇主要是为了交际使用，在交际的过程中，语言的意义往往依靠语境。不同的语境其语言单位的意义也会不同。

从结构上说，语篇是比句子范围更大的语言单位。在语言学上，语言的各个成分的排序从小到大是词素、词、词组/短语、分句/小句、句子、语篇。可见，语篇的范畴要广泛得多。

2. 语篇的认知要素

格雷泽（Glazer）等语篇心理学家们认为，把复杂的模型建立在普通认知理论上是十分必要的。正如凡·戴依克（Van Dijk）所说，"认知分析是指对那些可以用认知概念，如各种心理表征来阐释语篇属性的分析。"①

一般来说，语篇理解通常涉及以下语篇认知要素。

知识网络结构：知识以节点的网络形式表征出来。知识网络中节点呈扩散激活状态。一旦网络中一个节点被激活，之后便被扩散到邻近节点，再从邻近节点扩散到邻近节点的邻近节点，依此类推：如果读者没有存储与语篇内容相关的知识，就会导致理解困难。

记忆存储：语篇理解是一个记忆加工的过程。语篇理解的重要信息在工作记忆中呈循环状态。

语篇焦点：意识和注意焦点集中在语篇表征中一个或两个节点上。

共鸣：当存储在语篇焦点、工作记忆中的内容与文本表达的内容或长时记忆内容高度匹配时，便会形成共鸣。

节点的激活、抑制和消除：理解句子时，语篇结构和长时记忆中节点被激活、加强、抑制和消除。一般来说，熟识程度高的词汇比熟识程度低的词汇加工速度快。

主题：主题是指语言使用者赋予或从语篇中推导出来的整体意义，不同的读者对主题具有不同的理解。

连贯：语篇连贯不仅仅是指语篇全局连贯，也指语篇的局部连贯。连贯是指序列命题之间的意义关系。连贯通常包括两种：一种是指连贯或外延连贯，即语篇涉及事件的心理模型；另一种是内涵连贯，即基于意义、命题及其关系的连贯。

隐含意义：隐含意义指从语篇中的词、短语、小句或句子实际表达的意义推导出来的命题。可见，隐含意义离不开推理。

词汇的言外之意：言外之意是读者根据自己的文化、知识赋予一定词汇的评价和看法，有利于激活读者或译者的审美观点与社会知识。

读者目的：读者持有不同目的时，其会对语篇的理解和记忆带来不同影响。

---

① 颜林海. 翻译认知心理学（修订本）[M]. 北京：科学出版社，2015.

（二）不同结构模式的英汉语篇文化对比

1. 衔接手段对比

（1）英语语篇的衔接手段

英语语篇强调结构的完整性，句子多有形态变化，并借助丰富的衔接手段，使句子成分之间、句与句之间，甚至是段落与段落之间的时间和空间逻辑框架趋于严密。形合手段的缺失会直接影响语义的表达和连贯。因此，英语语篇多呈现为"葡萄型"，即主干结构较短，外围或扩展成分可构成叠床架屋式的繁杂句式。此外，英语语篇中句子的主干或主谓结构是描述的焦点，主句中核心的谓语动词是信息的焦点，其他动词依次降级。

具体来说，英语中的衔接手段主要包括两种。

①形态变化

形态变化是指词语本身所发生的词形变化，包括构形变化和构词变化。构形变化既包括词语在构句时发生的性、数、格、时态、语态等的形态变化，也包括非谓语动词等的种种形态变化。构词变化与词语的派生有关。

②形式词

形式词用于表示词、句、段落、语篇间的逻辑关系，主要是各种连接词、冠词、介词、副词和某些代词等。连接词既包括用来引导从句的关系代词、关系副词、连接副词、连接代词等，又包括一些并列连词。此外，还有一些具有连接功能的词，如 as well as、as much、more than、rather than、so that 等。

（2）汉语语篇的衔接手段

汉语语篇表达流畅、节奏均匀，以词汇为手段进行的衔接较少，过多的衔接手段会使行为梗塞，影响语篇意义的连贯性。汉语有独特的行文和表意规则，总体上更注重以意合手段来表达时空和语义上的逻辑关系，因此汉语中多流水句、词组或小句堆叠的结构。汉语语篇的行文规则灵活，多呈现为"竹节型"，句子以平面展开，按照自然的时间关系进行构句，断句频繁，且句式较短。

汉语并列结构中往往会省略并列连词，如"东西南北""中美关系"等。此外，汉语语篇句子之间的从属关系常常是隐性的，没有英语中的关系代词、关系副词、连接副词、连接代词等。

（3）英汉语篇衔接手段的具体差异

由于英语和汉语在词汇衔接手段上大致相同，但是在语法衔接上却有很多不同之处。因此，这里主要对英汉语法衔接手段进行对比。

①照应

当英语语篇需要对某个词语进行阐释时，很难从其本身入手，但可以从该词语所指找到答案，就可以说这个语篇中形成了一个照应关系。由此可见，照应从本质上看是一种语义关系。

照应关系在汉语语篇中也是大量存在的。需要注意的是，汉语中没有关系代词，而关系代词尤其是人称代词在英语中的使用频率要远高于汉语。因此，汉语语篇的人称代词在英语中常用关系代词来表示。

②连接

除照应与省略之外，英汉语篇的另一个重要衔接手段就是连接。一般来说，连接关系是借助连接词或副词、词组等实现的，且连接成分的含义通常较为明确。连接不仅有利于读者通过上下文来预测语义，还可以更快速、更准确地理解句子之间的语义联系。英汉语篇在连接方面的差异主要表现在以下两点。

第一，英语连接词具有显性特征，汉语连接词具有隐性特征。

第二，英语的平行结构常用连接词来连接，而汉语中的衔接关系常通过对偶、排比等来实现。

③省略

将语言结构中的某个不必要的部分省去不提的现象就是省略。由于英语的语法结构比较严格，省略作为一种形态或形式上的标记并不会引起歧义，因此省略在英语中的使用远高于汉语。

需要注意的是，在省略成分方面，英汉语篇也存在明显区别。具体来说，英语中的主语通常不予省略，而汉语语篇中的主语在出现一次后，后续出现的均可省略，这是因为与英语主语相比，汉语主语的承接力、控制力更强。

2.段落结构对比

（1）英语语篇的段落结构

英语语篇的段落通常只有一个中心话题，每个句子都围绕这个中心思想展开论述，并且在段落中往往先陈述中心思想，而后分点论述，解释说明的同时为下文做铺垫；段落中的语句句义连贯，逻辑性较强。

（2）汉语语篇的段落结构

汉语语篇的段落结构呈现为"竹节型"，句子与句子之间没有明显的标记，分段并不严格，有很大的随意性，段落的长度也较短。

3. 段落模式对比

语篇段落的组织模式实际上说的是段落的框架，即以段落的内容与形式作为基点，对段落进行划分的方法。语篇段落组织模式是对语言交际的一种限制，对于语篇的翻译而言至关重要。对于英汉两种语篇，其段落组织模式存在相似的地方，即都使用"主张—反主张"模式、叙事模式、匹配比较模式等，但是二者也存在着差异。

（1）英语语篇的段落组织模式

英语语篇的段落组织模式主要包含五种，除了主张—反主张模式、叙事模式、匹配比较模式，还包含概括—具体模式与问题—解决模式，这两大模式与汉语语篇组织模式不同，因此这里重点探讨这两大模式。

①概括—具体模式

该模式是英语中最具有代表性的常见模式，又被称为"一般—特殊模式"。这一模式在文学著作、社会科学、自然科学语篇中是较为常见的。著名学者麦卡锡（McCarthy）将这一模式的宏观结构划分为如下两种。

第一种：概括与陈述—具体陈述 1—具体陈述 2—具体陈述 3—具体陈述 4—……

第二种：概括与陈述—具体陈述—更具体陈述—更具体陈述—概括与陈述。

②问题—解决模式

该模式的基本程序主要包含以下五点。

第一点：说明情景；第二点：出现问题；第三点：针对问题给出相应的反应；第四点：提出解决问题的具体办法；第五点：对问题进行详细评价。

这五大基本程序并不是固定不变的，其顺序往往会随机加以变动。这一模式常见于新闻语篇、试验报告、科学论文中。

（2）汉语语篇的段落组织模式

与英语语篇的段落组织模式相比，汉语语篇主要有以下两点特色。

第一，一般来说，汉语语篇段落的重心位置与焦点多位于句首，但这也不是固定的，往往具有流动性与灵活性。

例：你将需要时间，懒洋洋地躺在沙滩上，在水中嬉戏。你需要时间来享受这样的时刻：傍晚时分，静静地坐在海港边上，欣赏游艇快速滑过的亮丽风景。以你自己的节奏陶醉在百慕大的美景之中，时不时地停下来与岛上的居民聊天，这才是真正有意义的事情。

在上述这则语篇中，其重心位置与焦点出现在段尾，即"真正有意义的事情"，这则语篇清晰地体现了汉语段落组织焦点的灵活性。

第二，汉语语篇的段落组织重心和焦点有时候会很模糊，并没有在段落中体现出来，甚至有时候不存在重心句和焦点句。

例：坎农山公园是伯明翰主要的公园之一，并已经被授予"绿旗"称号。它美丽的花圃、湖泊、池塘和千奇百怪的树木则是这个荣誉的最好证明。在这个公园，您有足够的机会来练习网球、保龄球和高尔夫球；野生动植物爱好者可以沿着里河的人行道和自行车道游览。

二、英汉语篇文化的翻译

语篇的翻译应以词和句子的翻译为基础，注重语篇的连贯性，语篇段内的连贯性、段与段之间的连贯性及语篇语域等。在语篇翻译的过程中，翻译语篇的整体性首先需要译者从宏观上把握全文，采取一定的翻译技巧，然后再开始逐字逐句地翻译。在此过程中，译者的任务主要包括三个：造句、成篇、选择用词和用语。在这三个任务中，最关键的是造句，因为句子是语篇翻译中的关键因素，只有将每一句话都翻译准确，才能将整篇内容联系到一起。此外，选择用词和用语贯穿翻译的整个过程。

制定宏观翻译策略：在一定程度上可以这样认为，即译者翻译的过程与作者创造的过程是类似的，在开始动笔翻译之前，译者需要有一个情绪上的"酝酿"。这种酝酿其实指的就是宏观翻译策略的制定。大致而言，译者在制定宏观翻译策略时需要重点考虑以下内容。

第一，文体选择。语篇所包含的文体种类是很多的，如小说、诗歌、散文等，译者在文体选择方面受制于原文的文体，也就是说原文采用的是哪种文体，译文一般也会采用这类文体，不可擅自更换。例如，将一首英文诗歌翻译成汉语，译者就需要首先确定诗歌的文体形式。

第二，选择译文的语言。众所周知，英汉双方对应的语言分别是汉语与英语，但这两种语言又可以有很多种下属分类，如汉语中又包括方言、普通话；从时间上还可以分为现代文与古代文，这些因素都是译者在动笔翻译之前需要考虑的。

第三，取舍篇章内容。这里暂且不考虑舍去篇章中某部分内容中所缺失的文化审美价值，但这种翻译方法确实是存在的。如在某些特殊的情况下，要求译者仅翻译一部作品中的部分内容。

1. 造句

在翻译语篇的过程中，译者对原文的处理大致可分为以下两种类型。

第一，以句子为划分单位的译者。以句子为划分单位的译者具有强烈的宏观、整体意识，十分注重作品整体意象的有效传达，甚至在有些时候还会牺牲一些词语与短语，以此保证整个句子能够表达顺畅、传神。这类译者之所以能够以句子作为划分单位，是因为他们在前期审美整合的过程中作出了非常大的努力。在审美整合的前期，原作品中的信息处于一种有机、系统、活跃的状态，当进入审美再现的环节后，这些信息就可以随时随地地被激活，在这种状态下译者就可以统筹全局、运筹帷幄，从整体上作出合理安排。

第二，以字、词为划分单位的译者。以字、词为划分单位的译者往往会逐词逐字地翻译，然后将翻译出来的内容堆砌到一起组成句子，通过这种方法译出的句子读起来往往十分拗口，带有强烈的翻译腔，所组合成的句子也不够和谐，自然更不用去考虑其所带来的审美价值了。对于这类译者，除了他所使用的翻译方法不当之处，更大的原因在于其并没有深入去思考与把握文章整体的审美取向。此时，译者从前期审美过程中所获取的信息处于一种无序的、零散的、杂乱的状态，译者自己的大脑中都没有从整体上形成审美信息，自然就不能从整体上传达语篇中的意象了。

通过分析上述两种处理原文的方法可知，第一种处理方法得出的译文整体效果要明显高于第二种，因而译者应该在语篇翻译的过程中尽量以句子为划分单位来解析原文。

2. 组合成章

当译者将原作中的所有句子都翻译出来之后就形成了一篇完整的译文。然而，即便将每一句话都翻译得非常完美，但译作从整体上来看不一定就是完美的。对于一篇刚完成的译作而言，译者还需要处理好整体与局部的关系。具体而言，译者需要处理好以下方面的问题。

第一，检查译作的连贯性。为了准确对原文进行翻译，译者有时候会调整原文中句子的表达顺序，如将前后两个句子的表达进行颠倒等，因而在译文成篇以后就非常有必要从整体上检查一下译作的连贯性，主要包括：译文句子与句子之间的连贯性；译文段落与段落之间的连贯性；译文中主句的意思是否被突出。

第二，检查译作的风格与原文是否一致。通常而言，译文的风格应该与原文保持一致。因此，在检查整篇译作连贯性的基础上，译者还需要查看译作的风格与原文是不是一致的。如果原作品是一种简洁明快的风格，但译文从整体上看起来臃肿呆滞，那么译者就需要对译文进行调整，删除冗余的词语，尽量保持译文的简洁与明快。

可见，在译作初步完成后，译者还需要经历一个调整、修改译文句子、字词等的过程。经过调整之后，译文不管是部分与部分之间还是整体与部分之间就会形成一个有机统一的整体，进而才能体现出语篇的整体美。

3. 选择用词与用语

如前所述，选择用词、用语贯穿整个翻译过程的始终，这里再次提出该问题主要是为了突出该环节的重要性。译者在造句、组合成章的过程中都会遇到选择用词、用语的问题，而想要选择出对的、传神的字词是非常不容易的一件事。我国著名文学家鲁迅先生就曾经说过这样一番话："我向来总以为翻译比创作容易，因为至少是无须构想。但到真的一译，就会遇着难关，譬如一个名词或动词，写不出，创作的时候可以回避，翻译上却不成，也还得想，一直弄到头昏眼花，好像在脑子里面摸一个急于要开箱子的钥匙，却没有。"①

---

① 鲁迅. 且介亭杂文二集 [M]. 南昌：江西教育出版社，2019.

上述这段话其实表述的就是翻译过程中选择用词、用语的难处。对于译者而言，在选择用词、用语时通常需要注意以下方面：原作中起画龙点睛之用的用词、用语；原作中文化背景信息丰富的用词、用语；原作中具有丰富含义的用词、用语；原作中的用词、用语在目的语中找不到对应表达；原作中使用专有名词的地方。

在修改、润色初稿时，为了保证译文表达方面的贴切与完美，译者可以站在读者的角度来阅读译作，通过读者的思维对译作进行思考与解读，看译文阅读起来是否顺畅、是否会产生歧义、是否符合目的语读者的表达习惯等。

以上是对英汉语篇翻译的框架叙述，下面就来分析英汉语篇文化的翻译。

（一）英汉语篇衔接与移情的翻译

1. 英汉语篇衔接的翻译

衔接，即上下文的连接，可以使表达更为流畅，语义更为连贯。衔接是否得当，其关系着能否被读者理解，能否让读者探究其主旨意义。因此，在具体的翻译实践中，译者应该首先把握整个语篇，然后运用恰当的衔接手段来将句子、段落等连接起来，从而构成一个完整的译语语篇。

在翻译过程中，译者需要深入把握语篇衔接手段上的对等。所谓语篇衔接手段的对等，具体指的是在源语语篇中出现的对整个语篇起连贯作用的衔接链中的所有衔接项目能在目的语语篇中很好的体现，从而在目的语中形成相似或相同的衔接链。假如每个衔接链都能在目的语语篇中出现，也就是说组织并反映语篇的"概念"、"人际"和"谋篇意义"这三种意义的衔接模式都应在译文中出现。

由于语篇的谋篇意义和语篇的组织意义等同，因而这里对谋篇衔接机制的翻译进行探讨，包括非结构衔接与结构衔接两大具体类型。

（1）解读结构衔接

结构衔接主要包括三个方面的衔接，即主位结构衔接、语气结构衔接、及物性结构衔接。具体而言，又分别涉及语篇三大类型的意义模式，即谋篇意义、人际意义及概念意义。主位结构间的关系是由语篇小句中的主位间关系和主位与述位间的交替和意义交互形成的，其中最主要的还是主位与主位间的关系。那么在翻译时，译者也应从考察主位同主位间的关系着手。

（2）解读非结构衔接

非结构衔接具体指的就是韩礼德（Halliday）和哈桑（Hassan）在其所著述的《英语衔接》一书中对五种衔接机制的总结。这五种衔接机制为：指称、替代、省略、连词、词汇衔接。

指称和词汇衔接这两大衔接机制是组成衔接链最重要的手段，并且是主要的非结构性衔接机制。因此，在探讨与语篇衔接手段对等方面的问题时，通常应先对衔接链的翻译进行探讨，贯穿整个语篇的衔接链及衔接链之间的关系构成语篇的主题意义。在对反映主题的衔接链进行翻译时，译者应对翻译所采取的策略慎重考虑，以目的语的组织方式为前提，尽可能地保留源语语篇的主题衔接链。

2. 英汉语篇移情的翻译

语篇艺术价值再现的关键在于"移情"，即艺术家基于自然景物之美而兴起的情感在作品中的体现，并由此激发读者和译者的情感。译者只有进入自己的角色才能身临其境，进而感同身受。语篇移情的翻译技巧指的是把握整个语篇翻译过程中的内涵与神韵，确保原文与译文在风格、语气、形式上尽量保持一致，从而使译文读者能够感受到与原文读者同样的美感。

（1）原作的结构与作者的写作心理

对于原作在审美上的结构及作者在写作过程中的审美心理，译者在翻译过程中应该实现最大限度的顺应，充分尊重原作的结构与作者的写作心理。

例：久闻先生高卧隆中，自比管、乐。

译：People say you compare yourself with those two famous men of talent, Kuan Chung and Yol.

上例原文中的"高卧"是"隐居"的意思，在这里译者略去不译。这种做法造成的原作文化内涵和审美价值的缺损是无法弥补的。

（2）目的语读者的阅读心理与标准

目的语读者的阅读心理与标准同样对译作艺术价值再现产生一定的影响，不过其影响的大小要视情况而定。通常而言，译者在翻译时心中都存在假定的读者群，译文审美需要考虑该读者群的审美心理与标准。例如，我国著名翻译家傅东华在翻译《飘》时就对原文进行了删减，他认为文章中一些冗长的心理描写与分析跟情节发展关系不大，且阅读起来还会令读者产生厌倦，因而将这部分内容删除了。可见，他就是在充分考虑读者阅读心理的基础上对原文进行了有效处理。

（3）译者自身的主观动机与标准

译者自身所具有的主观因素必然会影响译作艺术价值再现的效果。

例：黄河远上白云间，一片孤城万仞山。羌笛何须怨杨柳，春风不度玉门关。

译：Where a yellow river climbs to the white clouds.

Near the one city wall among ten-thousand-foot mountains.

A tartar under the willow is lamenting on his flute,

That spring never blows to him through the Jade Pass.

原文写的是塞外苦寒，并且隐含着无限的乡思离情，但译文却表现出一位鞑鞑人在柳树下吹笛惋惜自己的命运，不难看出译文改变了原文蕴含的情感色彩，加入了译者自己的主观判断，因此不能说是成功的译文。

上述三个因素影响着审美再现的效果，译者需要尽力协调好这三者之间的关系，找到最佳契合点，从而最大限度地再现原作的艺术美。

（二）英汉语篇语境的翻译

要想能够对语言结构所传达的意义进行准确的理解和掌握，就必须对情景语境准确的理解。情景语境体现着社会文化，并且是社会文化的现实化。韩礼德将情景语境视为一个由语场、语旨和语式这三个变量组成的概念框架。情景语境对翻译有重要影响。

1.通过语境确定词义

情景语境有助于确定词汇的意义，排除语篇语言中的多义词现象。众所周知，自然语言中很多词都存在着一词多义的现象。例如，《现代汉语词典》对"上面"这个词就有以下六种解释：位置较高的地方；次序靠前的部分；物体的表面；方面；上级；家族中上一辈。

因此，在不同的情景语境中，"上面"这一词就可以体现出几种不同的意义。这不仅仅是在汉语语言中，在英语中也存在很多这样的情况。例如，在《新英汉词典》中，"set"一词就列出了 61 个解释意义。要想对这些词有确切的解释，就必须要放在特定的情景语境中。

当词脱离语境，其意义就会变得模糊；当句子脱离固定的情景语境，其表达的意义就会很难确定。例如，语言学家乔姆斯基（Chomsky）曾经举过这样一个例子来说明句子的歧义性，即"They are flying planes."这句话可以被翻译成"它们是在飞的飞机"或"他们正在驾驶飞机"。如果将这个句子放在特定的语境中，就不会出现这两种不同的翻译结果。假设发话人是一个飞行员，那么这句话必然被翻译成"他们正在驾驶飞机"；假设这个句子的主题是飞机，那么这个句子必然被译成"它们是正在飞的飞机"。

2. 利用语境补充省略成分

之前已经提到，语篇特征中的连贯包含省略的部分，而这一省略的前提就是情境语境在发挥作用。上面的省略是为了避免重复，将主要信息凸显出来，使文章更加连贯。但有时候省略的部分往往不能被读者理解，因此这就需要将其置于整个语篇的情境语境中。

例：I have many interests to keep me from being bored, but playing football and collecting stamps are the ones that I enjoy most.

译：我有许多的兴趣让我无聊，但是踢足球、集邮是我最喜欢的兴趣。

该例中，"ones"相当于"interests"，这是名词性省略，如果没有上文，读者就很难猜出其意义，当然也无法进行翻译。

3. 通过语境把握句子语法结构

在语篇翻译中，要想对一个句子的语法结构意义有明确的理解，首先就应该从情景语境入手。

例：All this intense activity in both directions has helped to establish close and warm links between our two countries, and we are now talking to each other like the old friends we have become.

译：在两个方向上所有的这些激烈活动都有助于我们两国建立亲密、友好的关系，现在我们成了朋友，就更无所不谈了。

在对原语篇进行翻译时，译者将"we are now talking to each other like the old friends we have become"翻译成"我们现在交谈就如老朋友一样了"，这明显没有对上下文进行明确的分析，直接将"like"翻译成"像……一样"，同时又将"we have become"所代表的意思省略掉了，这样的翻译虽然看似符合逻辑，但是并没有将原文的实际意义传达出来。通过上文得知，"我国已经建立了友好的关系，并成为友好的朋友"，因此"like"一词的意思应该是"具有……的特点"。

（三）英汉语篇语域的翻译

所谓语篇的语域，即语篇具体使用的场合、领域。语篇类型不同，所具有的功能就不同，自然所使用的领域也是不同的。通常而言，科技语篇具有很强的准确性、专业性；文学语篇在整体上往往传达出艺术性、美感；广告语篇则具有很强的说服力、号召性。可见，译者在翻译语篇的过程中必须要有整体观念和意识，尤其要关注语篇的语域方面，基于语篇语域角度来还原原文的特点、功能、信息，从而实现译文与原文同样的形神兼备。

下面将结合医学、科技语篇的语域翻译例子加以简单分析。

1. 医学语篇的翻译

语篇翻译是指以语篇为准进行的翻译操作。在翻译过程中，译者需要将自己的视野从词语、句子、段落扩展到篇章。篇章是翻译操作的最终决策层级。一般而言，译者在翻译医学语篇时需要遵循以下步骤。

（1）理解原文

对原文进行宏观分析，在通读原文的基础上把握语篇的主题，然后分析语篇的文体类型、语言风格等。在此基础上，译者需要对语篇中的各个段落进行分析，准确把握段落的推进层次。此外，还需要从微观上展开分析，主要是对一些疑难句子、词语的理解。

（2）反复推敲

熟知不同文体的行文特点，了解英汉两种语言的结构区别，尽量保证译文的表达符合汉语的日常用语习惯。

医学语篇包括医学综述、药品说明、病例报告、学术论文等，这些文体中药品说明是与人们的日常生活最密切相关的一项。因此，这里重点针对药品说明书的翻译展开分析。所谓药品说明书，即附在一种药品包装中的一份用药说明，是指导医生与患者合理用药的重要依据。为了顺利翻译药品说明书，译者除了需要具备较好的英语基础知识外，还需要掌握相关的专业知识，如化学、药理学、医学、药剂学等，同时也要了解英语药品说明书的结构。

2. 科技语篇的翻译

科技语篇中的词汇包含单义词、通用词和多义词，翻译时需要特别注意每一类词语在特定学科的词义。单义词汇由于其使用的频率相对较低，仅用于某一特定的学科，词义相对单一，因此在翻译成汉语后比较容易实现前后词义的一致性。而对于多义词汇和通用科技词汇翻译的前后一致性，尤其需要译者的重视，以避免造成概念的混淆。

（1）术语翻译的一致性

科技语篇中，对于多义科技英语词汇，由于学科领域不同，往往会有完全不同的词义，因此翻译过程中需要准确定义术语，确保术语一旦译出，必须保持前后一致，不可随意更改，以免因语篇中概念混乱而阻碍读者理解。

（2）指代翻译的一致性

为了避免同一词语的重复，英语语篇中往往会采用代词替代上文中已经出现过的名词或动词。对于语篇中代词的翻译，为了保证译文内容的清晰无误，常常可以采用还原法翻译。有时，如果语义比较清晰，也可以将代词直译。

第四节　英汉语用文化对比翻译

由于英汉文化的差异，两种语言在具体使用方面也有着各自的特点。将当代英汉语用文化进行对比与翻译研究，能够提升语言使用者跨文化交际的顺利程度。

一、英汉语用文化的对比

对英汉语用文化进行对比指的是对语言使用过程中，由于语言形式不同而产生的不同的语用效果进行的对比。这种对比分析是英汉语用翻译的基础，能够提升译者对语用翻译的把握程度。

（一）英汉语用对比概述

在对英汉语用文化进行对比研究前，首先应该明确相关概念。

1. 语用学的概念

语用学，是指对语言交际中人们如何使用语言达成交际目的的研究学科。由于语用学研究范围较为宽泛，因此对其下一个准确严格的定义较为困难。

语用学一词，译自英语中的"pragmatics"，其词源为希腊词根"pragmao"。

最早使用"pragmatics"的为美国的哲学家莫里斯（Morris），在其著作《符号理论基础》（*Foundations of the Theory of Signs*）中提出了这个术语。

语用学通过结合不同的社会、文化生活，研究不同的语言在交际实践中的语用逻辑，从而提高人们使用语言的科学度与应用度。

2. 英汉语用对比研究

对不同的文化语言使用的不同方式的研究就是语用对比。学者利奇（Leech）在其著作《语用学原理》（*Principles of Pragmatics*）中指出，"有的东方文化国家（如中国和日本）比西方国家更强调'谦虚准则'，英语国家则更强调'得体准则'和'讽刺准则'……当然，这些观察认为，作为人类交际的总的功能准则，这些原则多少是具有普遍性的，但其相对重要性在不同的文化、社会和语言环境中是各不相同的。"[①] 由上述学者的观点可以看出语用对比的重要性。

在社会、文化差异的影响下，英汉两种语言在表达形式和内涵意义上都有着巨大的不同，对二者进行语用文化的对比分析能够提升人们对语言的认识程度。随着世界经济、政治、文化的多元发展，不同国家之间的交流与合作日益增加。人们对翻译的需求也随着社会发展形势与日俱增。从语用文化的角度进行翻译研究能够解释翻译中遇到的很多问题与矛盾，向人们提供一种新的翻译理论视角。

我国学者严明曾经指出："语用学是研究语言使用与理解的学问，即研究发话人利用语言和外部语境表达意义的过程，也是研究听话人对发话人说出的话语的解码和推理过程，它研究的不是抽象的语言系统本身的意义，而是交际者在特定交际情景中传达的理解的意义以及理解和传达的过程。"[②] 由于翻译和语用学都涉及对语言表达与理解的研究，因此二者的结合是一种必然。

英汉语用文化对比主要是对语言形式和语言功能的对比，鉴于英汉语言形式的明显不同，下面主要从语用功能角度进行对比分析，并结合语言交际中经常遇到的礼貌言语和语用失误现象进行研究。

（二）英汉语用功能对比

对于英汉语用功能的对比主要从语用语调、词汇语用、语法语用3个角度展开。

---

① Leech, G.Principles of Pragmatics[M]. London & New York: Longman, 1989.

② 严明. 大学英语翻译教学理论与实践 [M]. 长春：吉林出版集团有限责任公司，2009.

1. 语用语调对比

在语言交际过程中，语用语调对语用含义有着极其重要的影响，因而也是影响交际效果的重要因素之一。不同语言使用中，发话者可以通过不同的语调形式，如停顿、节奏、音长等，来表达不同的语用含义；受话者则可以通过对语调和语境的理解来分析发话人的交际意义。

英汉两种语言在语用语调方面存在很大的差异，下面具体从语调功能角度对二者进行对比分析。

（1）英语的语调功能

英语属于印欧语系，是一种拼音文字。在口头交际过程中，英语主要利用语调、重音、停顿等形式来表达具体的语用含义。其中，英语语调对交际有着重要的影响。一般来说，英语语调都伴随着说话人的个人感情色彩，是通过约定俗成的规律的语音系统进行的。在调控语调的过程中，一般需要利用语调组。所谓语调组，通常是由调头、调核、调尾三部分组成的。其中，调核对整个语调有着关键的影响作用，决定着语调的高低、长短、节奏等。

具体的语言交际过程，需要交际者根据不同的交际目的，选用不同的语调方式。英国语言学家韩礼德根据系统音系学的理论提出了英语语调的三个选择系统：进行语调组划分；确定重音的位置；选择核心语调。

（2）汉语的语调功能

在汉语中，主要有阴平、阳平、上声和去声四种基本调值。汉语的语调是其语言的重要特征之一，对语用功能有着关键的影响作用。除了基本的调值外，汉语也可以通过声调、重音和停顿来体现句子含义及其语用功能。

2. 词汇语用对比

词汇语用指的是利用词汇变化来表达话语的语用功能。通过词汇语用的使用，交际双方都能了解话语的言外之意，从而促进交际的顺利进行。英汉两种语言中带有不同的语言使用规律，下面就对二者的词汇语用进行对比分析。

（1）词汇运用变化差异

在词汇语用变化方面，英汉两种语言带有很大不同。英语主要是通过曲折形态变化来表达不同的语用含义，而汉语则较多通过词汇手段，如虚词、语气词、助词等来表现语用功能。

例如，英语中的敬称主要是通过"your"加上具体需要敬称的词语构成，如 your majesty、your highness 等。而汉语中的敬称可以通过不同的词汇表示，如您的大作、贵子等。

（2）词汇运用原则差异

受到不同的社会背景、历史环境等因素的影响，不同的语言形成了不同的词汇系统，在词语的运用和选择上也存在很大的差异。

例如，在打招呼方面，英语习惯通过问候天气，而汉语中则较多用"吃了吗？""干吗去？"等进行表达。受中西方传统思维形式的影响，西方人多为直线思维，表达过程中喜欢直接表达自身感受，并注重个人隐私与个人空间。中国人受儒家思想的影响，注重交际中的礼仪，在问候、称呼、称谓等方面都带有自身的特点。

3. 语法语用对比

英汉两种语言在语法语用方面也带有各自的特点，因此也会产生不同的语用功能。不同的语用功能可能会通过相似的句法形式传达，相同的语用功能也可能通过不同的句法形式传达。从这个意义上说，对于英汉语法语用进行研究十分有必要。

（1）不同句法形式带有相同的语用功能

在具体语言环境的作用下，交际者会根据不同的交际意图，选择使用不同的语言策略。在英汉两种语言中，存在不同的句法形式但是具有相同的语用功能的表达。

例：Close the door.（关门。）

Someone's forgotten to close the door.（有人忘了关门。）

Can you feel cold in this room?（在屋子里你感觉冷吗？）

对上述三个例句进行分析，可以看出其有祈使句、陈述句和疑问句三种语言形式，但是其最终的语用功能都是用来表达命令。需要指出的一点是，在请求他人做事时，英汉两种表达带有差异性。通常英语中会使用间接的言语行为，而汉语则通常使用直接的言语行为。

例：Can you tell me where the post-office is?（劳驾，邮局怎么走？）

（2）相同句法形式带有不同的语用功能

语用学主张联合不同的语言环境进行话语的理解。在具体的交际场景中，相同的句法形式也可能带有不同的语用功能。在英汉两种语言中，这一点都有所体现。

例：Lucy is coming.（露西来了。）

这句话为普通的陈述句，但是放在具体的语境中，也可以表达一种建议或警告的语用功能。

例：Can you shut up now?（你能闭嘴吗？）

这句话为一般疑问句，看似是疑问语气，但是在实际交际过程中，也能表达一种威胁的含义。

例：What time is it now?（现在几点了？）

上述例句为特殊疑问句，用于平常的语境中可以表达询问时间之意。但是在特殊语境中也能表达出一种抱怨的语用含义。

英汉两种语言中都含有相同句法形式带有不同语用功能的现象，在具体的语言理解和翻译过程中应该进行具体区分。

（3）英汉其他语法手段的语用功能对比

除了上述提出的句法手段之外，在语言表述中还可以使用一些其他语法手段，如语态、时态、附加语等来表达不同的语用功能。英汉两种语言在这些语法手段上带有各自的差异性。例如，英语具有屈折形态形式，但是汉语中却没有。

①英汉否定语用功能对比

在英汉语言中，为了体现对交际者或谈论对象的尊重，经常会使用一些否定形式来表达过于直接的语用含义。

例：You are fat.（你很胖。）

You are not thin.（你不瘦。）

在上面两个例句中，第一句话的表述过于直接，很可能会影响交际者的情绪，从而造成一定的交际矛盾。而第二句通过恰当的否定形式，增加了语言表达的含蓄性，对受话者的影响较小，礼貌程度增加。

②英汉附加语的语用功能对比

在日常交际过程中，为了达到一定的交际目的，交际者会选择在句尾增加一定的附加语。例如，汉语中经常使用的"好吗？""可以吗？""行吗？"等，英语中经常出现的"please""if you don't mind"等。

（三）英汉语用语言对比

所谓语用语言学，研究的主要内容是语言形式和语用功能之间的关系。英汉两种语言中语义相同、结构相似的短语或句子在不同的语境下可能会有不同的解释。例如，"of course"在英汉语言中的语义是相同的，并且在汉语中该短语不含有贬义，但在英语对话中有时该短语含有认为问话者愚昧无知的含义。我们来看两个例句。

例：A：Would you like something to eat?（你要吃点什么吗？）

B： Of course. （怎么会不要呢？） （当然。）

A：Is there a party on Sunday evening?（星期日晚上有个晚会吗？）

B：Of course.（怎么会没呢？）（当然。）

虽然同一种语言行为可以用很多种语言形式来表达，但通常情况下这些语言形式是不可以相互替换的。也就是说，在一种语言中用来表达某一言语行为的最常用策略在另一种语言中就不一定同样适用了。例如，在汉语中，人们去商店买东西常用"给我一个……"这样的祈使句，但在英语中则经常会用"Can I have……please?"这样的消极礼貌策略来表达。

另外，同一种言语行为在不同文化中使用的范围也是不同的。例如，说英语的人在表示要求别人做事时用的动词特别多，这些动词不仅具有的特征不完全相同，而且表示的说话双方之间的权利关系也不同，被要求的一方或许是受益者或许不是。与此不同的是，在汉语中表达同一言语行为的动词是非常有限的。

就目前而言，跨文化语用语言学研究的内容多是与"礼貌"密切相关的言语行为，如道歉、拒绝、恭维、请求等。通常而言，言语行为的研究主要包括如下5个方面的内容。

①在不同文化中，同一种言语行为使用范围及频率的差异。

②不同文化对言语行为理解上的差异。

③不同文化在表达同一种言语行为时所使用的语言形式上的差异。

④不同文化中，能用于表达同一种言语行为的不同语言形式中最常用形式的差异。

⑤在表达某一种言语行为时，常常与之相配合使用的言语策略，如缓和语、敬语、礼貌用语等方面的差异。

下面我们以否定句的语用功能为例来具体进行说明。

在英语中，如果一个命题本身是否定形式，那么再对这一命题进行否定就是"确认"。

例：A：You are sure that I can't come with you.

B：（She shook her head.）

以上 B 没有用言语应答，但"摇头"这个身势语与"No"具有相同意义，即确认"I can't come with you."这个命题。再来看其他一些例子。

例：A：She would not have believed it possible.

B：No, no, of course not.

例：A：He would hardly be a friend of hers.

B：No, he wouldn't.

例：A：He is not at all happy working here.

B：No, he isn't.

在第三个例子中，B 是确认"He is not at all happy working here"。

而在汉语中，如果要"确认"一个命题，往往直接用肯定方式来表达。

例：A：她今天没来上班。

B：是。她感冒了。

例：A：这一带没有图书馆。

B：是的，没有。

在英语中，"否定"一个本身是否定的命题，此时两个否定相互抵消，意味着用肯定方式肯定相应的命题。而在汉语中，如果要"否定"一个命题，则往往直接用否定的方式来表达。

例：A：You've not changed much, Peter.

B：Yes, I have. I've changed enormously.

译：A：皮特，你没有变多少。

B：不，我变了。我变多了。

例：A：You don't like Italy food?

B：Oh, yes. I do! I do like it very much!

译：A：你不喜欢意大利菜？

B：噢，不，我喜欢，我确实喜欢意大利菜。

综上所述可知，从语用的角度出发，当要"确认"一个否定命题的时候，英语通常用否定方式，而汉语往往用肯定方式；相反地，当"否认"一个否定的命题时，也就是说对这个否定的命题表示异议时，英语用肯定方式来表达，而汉语用否定方式来表达。

1. 英汉社会语用对比

在任何社会中，支配间接言语行为的因素都是基本相同的，大致有如下几个方面的内容：社会距离、权力关系、要求大小、权利与义务。

在不同文化中，人们对于会话双方的角色及与言语事件相关的会话双方的相对权利和义务的看法各不相同。例如，中国的教师可以对学生的衣服发式提出批评，用强制的口气叫学生擦黑板，这些在中国人的眼里是再正常不过的状况了。但这些现象在英国人的眼里却是不可思议的。造成这一差异的原因，就在于中国与英国对师生所拥有的相对权利和义务有着完全不同的看法。

在上述这些因素中，"要求大小"可以说是各种文化之间最大的区别。例如，在中国，人们可以用较为直接的言语行为向熟悉或者不熟悉的人要香烟，可以说："我今天出门太匆忙，烟忘记带了，给我一支如何？"这样的言语行为是无可厚非的。但在英国，由于香烟特别昂贵，即使是向好朋友要烟，也需要用间接的言语行为来表达。再如，美国的私家车非常多，如果一个人想跟邻居借车，可使用较为直接的言语行为。但在中国，由于私家车非常少，如果想向别人借车，就是"大事"，故需用非常间接的请求来表达。

需要提及的一点是，"要求大小"并不只是用于物质上，在其他方面也有同样的要求。例如，在中国问别人的体重是很正常的一件事，但在西方国家，除了医院里的医生可以问病人的体重外，这一信息只能通过非常迂回的方式才能了解。

对于中国人而言，"主动给人提供便利"和"向他人发出邀请"是出于关心和诚意，其目的是让对方受益。因此，在中国人的眼里不管对方是接受还是拒绝，这种言语行为总是被认为是礼貌的，甚至有时候还得强制让对方接受才更体现出他们的礼貌。但在西方人的眼里则完全是另外一回事，有语言学家把"主动给人提供便利"和"向他人发出邀请"归为威胁面子的言语行为。因为在他们看来，这种言语行为妨碍了听话者的自由。

在西方的许多国家，当"质量准则"和"礼貌原则"发生冲突时，人们往往遵循"质量原则"。而在东方的许多国家中，人们采取的方式往往与西方人正好相反。相关专家把人们在言语交际中影响达到完满交际效果的差错统称为语用失误（pragmatic failure）。一般而言，语用失误大体可以分为语用—语言方面的失误和社交—语用方面的失误两类。

（1）语用—语言方面的失误

这方面的失误，我们以英语为例来进行分析。其大致可分为两种情况。

其一，说话者所说的英语不符合英语本族人的语言习惯，误用了英语的其他表达方式。

其二，说话者不懂得英语的正确表达方式，把母语的语言习惯套入英语的表达中。

例如，一位外资企业的员工圆满地完成了一天的工作，他的经理对他的表现十分满意，于是对他说："Thanks a lot. That's a great help."这位员工马上回答了一句"Never mind."很显然，这位员工想表达的是"没关系""不用谢"之类的话，但却用了英语中的"Never mind."而在英语中，这句话常用于当一方表示道歉，另一方表示不介意时回答的话，其含有"安慰"之意。由此可见，这位员工用错了表达方式，导致了语用—语言方面的失误。

（2）社交—语用方面的失误

社交—语用方面的失误主要是指交际中因不了解谈话双方所存在的文化背景差异，从而导致语言形式选择上的失误。这方面的失误与谈话双方的语域、身份、话题熟悉的程度等因素有关。例如，"thank you"的汉语意思是谢谢，这是众所周知的，但在社交场合如何正确使用"thank you"是颇有学问的。当受到别人的祝贺时，操英语本族语的人往往会回答"Thank you"，而中国人则会说"惭愧，惭愧""过奖了，过奖了"一类的话来表达自己的谦虚，以示礼貌。但如果一个英国人对中国人表示祝贺，中国人不用"thank you"而套用汉语的客套话，如"I feel ashamed."来回答，显然就不得体了，这就造成了社交—语用方面的失误。

2. 英汉礼貌策略对比

（1）言语行为的礼貌

言语行为是语用的基本单位，在不同的文化环境中，同一言语行为的语言对象是存在差别的。下面我们就对几种基本的交际言语行为进行一个简单的英汉对比分析。

①问候

问候是当今社会中人们维系和保持人际关系的一种润滑剂或调节剂。文化背景不同，所使用的问候语也是不同的。

英汉问候语存在很大的不同点。英语问候语表达内容不具体，而汉语问候语的内容非常具体，看见对方在做什么就会问什么，喜欢就事论事或明知故问。此外，汉语的问候语可回答也可不回答，有时仅仅是一个问候，用以表示对他人的关注和关心。需要提及的一点是，汉语的问候语在一些西方人的眼里往往是不友好的，因为他们认为这是在打探隐私。

②称呼

称呼是言语交际过程中的重要组成部分。因为言语交际所要表达的许多意义往往不是通过语句来传递，而是通过称呼表达出来的。在许多情况下，称呼是开始交际的第一个信息。恰当的称呼是言语交际得以顺利进行的重要条件，不恰当的称呼则会使交际双方不快或使交际中断，甚至产生不良影响。比如，某人的好友如果突然用尊称来称呼该人，就会令该人感到十分"见外"，也显得很生分。

中国人的称呼。由于几千年来的历史传统，在中国形成了一种长幼尊卑的等级关系，这种关系是极其讲究的。例如，孩子不能对父母、长辈、老师等直呼其名，否则就是不懂礼貌。在亲属关系的称谓上，中国人一般对他人采用"叔叔""阿姨""先生""女士"等尊称。在职场中，中国人往往用抬高对方职称的方法来表示尊重，如在称呼一些副职的人员时把"副"字去掉，由此才能显示出对对方的尊敬。

西方人的称呼。根据不同的交际场合，我们与英美人面对面交流时通常有以下四种称谓方式。

直呼其名：用于非正式的交际场合且交际双方的关系比较密切时。一般而言，西方年轻人在任何场合都倾向于使用这种称谓方式。例如，一个姓名为"Michael

Wood"的美国人，他的父母、妻子、朋友、同事甚至儿女都可以使用"Michael"（或 Mike）来称呼他。再如，美国一些大学里老师可以直呼学生的名字，学生也可以直呼老师或教授的名字。

头衔 + 姓氏：用于较正式的交际场合，头衔包括 Mr.（男士），Mrs.（已婚女士），Miss（未婚女士），Ms.（婚姻状况不明的女士）。对于女士来说，"Ms.+ 姓"这一称谓方式比较流行，因为很多女士在交际场合都不愿透露自己的婚姻状况。

以职务或职称代替：可以用作称谓的表示职务或职称的词在英文当中为数较少，如 Professor、Doctor、Nurse、Judge 和 Captain、Colonel、General、Lieutenant 等军衔；另外，还有 Waiter、Boy、Conductor、Usher、Porter 等职业称谓，但它们听上去很不礼貌，带有卑微的含义。

不称：除了上述三种主要的称谓方式外，在人们的交往过程中还有一种现象，叫不称（不好称呼）。如果说话者不知道如何来称呼听话者，那么最好不直接称呼对方。例如，我们与陌生人打招呼可以直接说"Good morning!"。因为不称比错称要好得多。

③致谢

致谢语是指当别人对自己有所帮助，自己为表示感谢而说的话。英汉语言中的致谢语在使用上存在着很大的不同。在西方国家，"thank you"是挂在嘴边的话，几乎在任何场合、任何人际关系中都可以使用表示感谢的话，这是一种礼貌策略。与此不同的是，汉语中"谢谢"的使用频率没有那么频繁，是不能随处使用的。归纳起来，在下面的这些场合中是不适合道谢的。

做自己分内的事不需要致谢。意思就是说，说话者无须对职责之内的事表达感谢。例如，在商店里一般都是售货员向顾客表达感谢，因为顾客选择了他的商品。而如果顾客向售货员致谢则会让售货员感觉很奇怪和不自然。不过受到国外文化习俗的影响，现在中国人对于职责范围之内的事也多用致谢语。

受到赞扬时不致谢。中国传统的文化教育我们，谦虚是一种美德，对于别人的赞扬也要表示出足够的谦虚。例如，某女士穿了一条漂亮的裙子，当她的美国教师这样赞美她时："How beautiful your skirt is!"（你的裙子好漂亮！）该女士出于习惯回答："No, no, just an ordinary one."（不，不，只是一条普通的裙子。）这在中国人眼中是很正常的表达，但美国教师则会认为这是在怀疑自己的审美能力。

亲密关系之间不用致谢。例如，父母与儿女之间、丈夫与妻子之间、兄弟姐妹之间都不需要说谢谢。因为"谢谢"在语用功能上一般表示双方关系的疏远。

④答谢

一般而言，对方致谢之后，英语国家的人士通常会用这样的语句来回答。

You're welcome.（不用谢。）

Not at all.（别客气。）

Don't mention it.（不用客气。）

It's my pleasure.（很荣幸）。

需要提及的一点是，英美国家在使用答谢语时也存在语言运用上的差异。英国人常用"Not at all"或"Don't mention it"或"It's my pleasure"来回答；美国人则常用"You're welcome"来回答。

汉语在回答致谢语时常用的表达有下列几种：不用谢、别客气、没什么、别这么说、过奖了、应该的。

综上可知，英语中答谢时比较直接，汉语则比较委婉。另外，汉语中"应该的"或者"这是我的职责"的话语，用英语来表达就是"That's what I should do"或"That's my duty"从语用学的角度进行分析，这两句英译的致谢语其含义就变成了"这不是我情愿的，只是责任而已。"英语国家的人听到这样的话会感到十分尴尬，这与汉语所表达的语用含义有所不同。因为在汉语中，职责范围内的事情不需要答谢，所以说话人说这句话是想表达："这是我的职责范围，不必客气。"这恰恰是汉语特有的答谢方式。

⑤称赞

称赞是一种对他人品质、能力、仪表等的褒奖言行，恰当的称赞可以鼓励他人、缓解矛盾、缓和人际关系等。美国人对 nice、good、beautiful、pretty、great 等形容词的使用比较多，最常用的动词有 like、love 等。

对称赞的反应，英美人一般表示感谢，也就是正面接受称赞。不过并非全是接受，有时也有拒绝的情况出现。

例：A：That's a nice outfit.

B：What? Are you kidding?

A：That's a nice watch.

B：It's all scratched up and I'm getting a new one.

需要说明的是，英美人拒绝称赞并非因为谦虚，只是出于观点不同的直接表达，即并非像中国人那样明明同意对方的观点却故意否定对方的赞扬。

中国人与英美人不同，一般不会爽快地以迎合的方式去接受对方的称赞或恭维，而是习惯使用"自贬"的方式来对待他人的赞美。比如，有中国学者做国际性学术报告，报告本身很有学术价值并得到与会者的一致认可，但在结束报告时，报告人通常会说一些让外国人觉得毫无缘由的谦虚话。

例：As my knowledge and research is still limited, there must have been lots of mistakes in my work. I hope you will correct me and give me guidance.

译：由于本人学识和研究有限，错误在所难免，恳请各位批评指正。

⑥告别

中西方人在交际结束道别时的礼貌用语存在着明显的差异，主要表现在以下四个方面。

第一，英语国家的人在道别时很注意对双方接触的评价，以表达愉快相会的心情。

例：It's really nice to see you again.Thank you very much.

I had a wonderful time with you. I'm very happy to talk with you.

而中国人道别时一般不会对当前的接触进行评价，注重的往往是相互表达关切之情。当然也有例外，如因事求教于人之后或拜访受到热情的招待之后，客人一般会说："真是听君一席话，胜读十年书啊""今天的交谈很有收获，谢谢你的帮助""你如此热情招待，真是过意不去"等。

第二，英语国家的人在结束交谈或告辞时所提出的理由总是"自身因故而不得不告别"。意思就是说，终止交谈或访问并不是出于本人的意愿，而是因为其他不得已的事情离开，故总是为此表示歉意。有时候西方人为了找借口离开而不得不撒谎，这就是西方人的"white lie"（善意的谎言）。与此相反，中国人离开时的原因是出于对别人的考虑，故告别时会说"对不起，占用了您不少时间""你还要早点休息，我就不多打扰了""你挺忙的，我就告辞了"等。

第三，英语告别语中祝愿语居多，中国人告别时表示关切的话语居多。英语中最常用的告别语"goodbye"的意思就是一种典型的祝愿语，源于"God be with you."（愿上帝与你同在。）。中国主人在送客人离去时喜欢说"您走好""慢走""一路小心"等话，客人则不断对主人说"请留步""别送了"等。英语国家的主人只在门口向客人道别；中国主人对客人要送出大门，甚至还会送了一程又一程。

第四，中西方表达再次相会愿望的形式也存在差别。西方人的再次邀请都是出于真实想法，时间是明确的。而中国人常说的"有空常来呀""没事儿就来我家吃饭"这类话没有给出明确的时间，大多时候表示的仅仅是一种客套。

⑦禁忌语

所谓禁忌语，是指由于无知、迷信或社会文化习俗的原因，人们往往被禁止说某些话、做某些事或使用某些物件。经过归纳总结，我们在与西方人进行交际时应该避免提及的话题包括以下四种。

年龄：在中国，问他人的年龄是极其常见的，但在西方这个问题一般被视为是不礼貌的。尤其是问女士的年龄，要是询问人是男士，情况会更糟糕。但问小孩子的年龄就没关系，一些成年人也不介意问年龄。事实上，一些成年人很愿意告诉别人他们的年龄，尤其是当他们觉得自己看起来很年轻的时候。然而，最好不要直接问"How old are you?"这样的问题，因为显得太唐突。要是一个上岁数的人想要谈论他们的年龄，别人又恭维他看起来很年轻，他自己就会提起这个话题，如让其他人猜猜他的年龄。在这种情况下，自由谈论年龄就很自然了。如果对方没有提及这个话题，一般情况下就不可一直追问，因为这会令对方感觉自己的隐私受到了威胁。

收入：在西方，收入这一话题被视为是非常隐私和个人的。即使是在同一个家庭中，人们也有可能不知道彼此之间具体的工资数额。但这并不意味着家庭成员间的关系比较疏远，这只是表明西方家庭成员间所拥有的隐私性和独立性的理念。因此，在与西方人进行交谈时，问"How much do you earn?"这样的话是十分不礼貌的。

当然，在一些特殊情况下他们也会谈论钱的多少，如找工作的年轻人会谈论他们所寻找工作的工资情况。此外，在西方一般不要直接问他们买什么花了多少钱，这也被认为是侵犯个人隐私的问题。

身体（非健康）的话题：无论中西文化，当明显能看出一个人是病了的情况下，都要询问一下以表示同情和关心。但在英语中，这种询问一开始最好是试探性的，以免引起不快。要是对方否认，那最好立刻停止这种询问；要是对方承认确实感觉不好，那就要询问一两个问题，然后表示希望他能很快好起来。通常而言，询问健康问题的程度取决于对方想要谈论的程度。如果他们想要长时间谈论并想要征询意见，那就可以多谈。一般情况下，人们只是想要肤浅地讨论一下。

政治话题：政治问题一直都是比较敏感的话题。在谈论与政治有关的话题时，不同政治倾向的人往往会发表各自不同的看法或意见。欧美人大多都是有党派的人，政治见解往往不同，故在交际场合中提到这种问题最容易引起争论，最好是避免谈及。如果确实无法避免这一话题，那么为了避免在交谈中发生不愉快，在谈及这类话题时一定要谨言慎行，在不了解情况时千万不要胡乱评论，以免引发意见上的冲突。当今世界外交关系可谓瞬息万变，我们根本无从判断，因此不可单凭听到的一则新闻报道就盲目地加以褒贬，所以还是不说为妙。

（2）篇章行为的礼貌

篇章行为对面子的威胁不仅取决于对距离和权势等的评估和把握，还取决于对语篇类型的控制。在相同条件下，不同语篇类型中礼貌的相互关系可以概括为以下三种情况。

说明类：距离最大化，权势较高。

驳论类：距离最小化，权势较高。

立论类：距离较大化，权势最大。

二、英汉语用文化的翻译

对于英汉语用文化的翻译首先介绍常规的及语用意义的翻译方法，然后对不同的语用理论的翻译进行总结。

（一）常规语用文化翻译的方法

语用翻译指的是通过研究交际目的，了解语言使用与语言使用者之间的关系，并利用翻译策略进行语用内涵翻译的活动。在具体的翻译实践过程中，译者和翻译策略的选择都会受到具体文化语境与语用因素的制约，因此找到语言转换之间的平衡点，并从整体和细节上把握译文十分有必要。语用翻译的最终目的是能够使译入语读者能够获得与源语读者相同的阅读感受与理解。

1.传统翻译策略

（1）直译策略

英汉语言虽然在文化背景上有巨大的差异性，但是语言是对客观世界的反应，不同地域的人面对同一种客观事物可能会产生相似或相同的感受，因此语言中会有一定的对应表达方式。这种对应表达的存在为直译策略的使用创造了有利条件。

所谓直译策略，就是保留原文与译文的相似表达、修辞特点、文化特点等。但是需要注意的是，这种保留需要在不违背目的语语言规范的前提下进行。

直译策略的使用需要译者综合考虑源语、目的语、原文作者、译入语读者等多方面因素，才能形成地道的表达方式。在语用翻译过程中经常会遇到文化内涵词，在直译过程中尤其需要注意。

（2）移译策略

移译策略指的是将源语中的表达部分或全部移入目的语中，从而保留源语的文化外壳。在语用文化翻译中使用移译策略能够体现一定的时代特点，同时也有利于文化之间的沟通与交流。

（3）对译策略

对译策略的使用主要针对的是人类语言表达上的相似性。英汉两种语言中有很多相同语用内涵的表达使用的是不同的语言形式，在翻译这种表达时就可以使用对译策略。

例：to have the ball at one's feet.

胸有成竹。

wait for gains without pains.

守株待兔。

在具体语用文化翻译时，对译策略的使用还需要注意具体的语用内涵的褒贬性，不能因为有对应表达就轻易翻译。

（4）意译策略

意译策略的使用是因为不同语言文化间的差异性。在翻译过程中，并不是所有表达都能在译语中找到对应的语言，这时可以从语用角度出发使用意义策略将原文的语用内涵表达出来。

2. 语用过程翻译

学者奥斯汀（Austin）指出，语言是一个动态的过程，有着分析、转换、表达三个阶段。翻译是两种或多种语言之间的转码活动，需要译者在理解原文的基础上进行释义和表达。语用过程翻译指的是重视语言的转码活动，从过程论的角度出发进行翻译。

翻译中出现的问题很可能是译者的理解和表达有所疏漏，这就在一定程度上说明翻译的过程决定着翻译的过程。翻译结果——译文，是译者进行思维创造、语言组织、语言加工后的过程，对译文的理解不能仅从表面意义出发，还需要考虑译文的形成过程，从而遵循作者的思维轨迹，对译文作出客观的评价。

3. 语用语境翻译

语境是语言学中的重要研究对象。在交际过程中，语境发挥着巨大的影响作用。语言和语境息息相关，语言表达的语用效果离不开具体语境的支撑。

在语用翻译过程中，更加需要注意语境的作用。如果翻译忽视对语境的体察，就很难忠实再现原文风格和语用内涵。但是需要注意的是，由于语言之间差异性的存在，译文想要达到与原文同样的效果是不可能的，因此译者需要借助具体语境的理论，增加译文语用含义表达的透彻性，从而使读者增进对原文的理解。

（二）语用意义的翻译方法

在进行语言传达的过程中，信息一般都分为两个层次。其中表层的是字面意思，也就是理性信息；深层的是话语意思，也就是元信息或语用意义。

交际过程中，话语的语用意义一般体现着说话人的交际意图。因此，在翻译过程中，很容易出现语用意义与理性信息混淆的情况，这时译文的质量就不能保证。

例：Invited me or not, I will come.

上述这个例句，如果直译，可以翻译为"不管邀请或不邀请，我都会来。"从字面意义理解，这句话给人一种强势、粗鲁的感觉。但是在具体语境和发话人的文化背景的综合作用下，其语用内涵却可以发生变化。

这句话出自埃及总统萨达特（Sadat），当美国记者问他是否会访美与卡特（Carter）商讨和平谈判问题时，萨达特给出了上述回答。在埃及，使用公式化表达十分常见，其语用内涵是用来表达想解决误会和恢复和睦的美好愿景。在翻译这种语用意义的句子时，译者需要结合具体语境和文化背景进行具体分析。

在具体语用意义翻译的过程中，混淆元信息的因素主要包括交际中参与和独立的矛盾及语言中形式和功能的矛盾，翻译时注意这两个因素，能够提高译文质量，促进翻译的有效进行。语用意义的翻译在很大程度上就是减轻这两个方面矛盾的过程，下面进行具体分析。

1. 交际中参与和独立的矛盾

人类有参与和独立两种状态，这两种状态同时存在。人类既需要在与他人沟通的过程中参与社会活动，获得一种群体感，同时还需要保有自身的独立意识，从而不为他人左右地生活。可以说人类兼有个性和社会性，在公有社会中按照自身的个性生活。

在具体的语用翻译过程中，由于中西方对待参与和独立的观点不同，因此会产生一定的矛盾，此时译者需要看到这种矛盾，并在译文中适当减轻二者矛盾，从而真正将翻译作为传递中西文化的桥梁。

在截然不同的参与与独立思维的影响下，英汉语言中对相关话题的表述也大不相同。在语用翻译过程中，需要注意二者的矛盾。

例：中国人：Welcome to my home if you are free.（欢迎有空来我家玩。）

英美人：I'll be free next Sunday. What about next Sunday?（下周日我有空，下周日怎么样？）

上述对话给人一种十分尴尬的感觉，中国人在社会交往过程中习惯使用客套话来表达自己的热情，因此上述例句"Welcome to my home if you are free."其实是一种道别时的客套话语，并不表明说话人真实的语用含义。但是英美人以为上述是一种真诚的邀约，在个人时间观念的影响下，他主张定下聚会时间。

2. 语言中形式和功能的矛盾

语言中形式和功能的矛盾同样也是语用意义翻译的重要难题。在语言中形式和功能矛盾的作用下，翻译的过程可能受到语言形式的限制、词汇意义的差异、表达方式的差异、语言联想的差异等的影响，下面就分别对其进行分析。

（1）语言形式的局限

英汉两种语言在语言形式上带有明显的差异，在翻译过程中译者需要根据具体语境分析其语用内涵，从而找到对应的表达形式。

（2）词汇意义的差异

英汉语言中的词汇，往往和其文化背景相关。很多词汇利用直译法并不能反映真实的词汇内涵，这时就会出现语用信息混淆。

例：nose job（整形）手术；bag lady 提着包无家可归的女士；fat farm 减肥场所。这些英文词汇如果按照直译法进行翻译，分别对应汉语中的鼻工作、包女士、肥农场。如果译者不了解具体的英语词汇语用意义，会令读者感到费解，不利于语言的沟通与交流。此外，由于我国有着悠久的民族文化，汉语中词汇意义内涵更加丰富，与英语词汇的差异更是显而易见，在此不再赘述。

（3）表达方式的差异

表达方式的差异是造成语用原意义混淆的重要因素，英汉在日常语用、社会语用方面均带有自身特点。因上文有所提及，在此不再展开。

（4）语言联想的差异

在文化差异的影响下，英汉语言联想也带有一定的差异性。例如，中国人认为自己是龙的传人，因此认为龙是一种神兽；而在西方国家，龙是一种邪恶暴力的生物。这些不同的语言联想对翻译有着重要的影响作用，译者需要增加自身的语用和文化素质，从而应对不同的文化翻译。

（三）语用理论翻译的方法

1. 言语行为的翻译

在对具体的言语行为进行翻译的过程中，译者需要把握好以下两个原则。

（1）彰显源语语用功能

言语行为理论最早由英国哲学家奥斯汀提出。言语行为理论认为，人们说话的同时也是在实施某种行为。作为一种跨文化交往的言语行为，翻译更是异常复杂。译者必须挖掘原文的"言外之意"，并通过或明晰或隐晦的方法将其传递给目的语读者才算是高质量地完成了翻译工作。这就要求译者不能仅仅关注译文与原文语言表层的一致，更要关注二者语用功能的对等，要通过语境推导源语语用含义，在尊重源语意向、情感与价值观的基础上，使译文更加体现源语的语用功能，实现交际目的。

（2）再现原文风格韵味

根据言语行为理论，译文应遵循话语轮换中的客观规律及其严密的逻辑思维，结合言语行为，通过语境的再创造呈现原作的韵味。

2.会话含义的翻译

会话含义理论在翻译过程中需要在遵守合作原则四准则的基础上进行针对性翻译。同时，在具体的翻译过程中还需要分析文章具体的修辞手段。

（1）数量准则与等效翻译

合作原则中的数量准则要求说话人的话语既要足够详尽，又不能显得冗赘、啰嗦。翻译时，译文同样需要遵循这条准则，必须把原文里的信息全部传达出来，且在传递信息的过程中，既不能擅自增加原文中没有的信息，也不能自作主张减少原文中包含的信息。

例：欲去牵郎衣，郎今到何处？不恨归来迟，莫向临邛去！

译文一：You wish to go and yet your robe I hold. Where are you going tell me dear today? Your late returning does not anger me. But that another steals your heart away.

译文二：I hold your robe lest you should go. Where are going dear today? Your late brings me less woe.Than your heart being stolen away.

上例原文选自唐朝诗人孟郊的诗《古离别》。诗中的"临邛"一词源自司马相如和卓文君的故事。这个词表现出了女子与丈夫分离后，盼望丈夫不要另寻他爱、舍弃家庭的感情。了解了这个词的含义，再对两个译文进行对比可以发现，译文一"But that another steals your heart away."这句话很容易诱使读者认为，文中的丈夫有了外遇。因此，此句增加了原文的信息量，不符合数量准则。综合比较起来，译文二的翻译更加符合原文的含义。

（2）质量准则与等效翻译

质量准则要求说话人在交际过程中，应该说真实或正确的话语，因此在实际的翻译工作中，译者需要保持原文中所要传达的信息，力图使译文在最大限度上保持与原文形式与语义上的统一。有的文章在表达上会有一些错误，如话语模糊、表达不畅等，按照质量准确，译者在面对此类问题时，应该将原文信息忠实地传递给读者，从而体现出原文的风格。

（3）关联准则与等效翻译

关联准则对于说话者也有一定的要求，其要求说话人的语言要贴切、简洁、有条理，并尽量避免使用晦涩、有歧义的词语。翻译时，译文表述必须清晰、无误。翻译是两种语言之间的转换活动，但是译者却需要在了解两种语言差异性的基础上，考虑译文读者对语言的理解程度。因此，翻译时译文必须符合译语规律，做到严谨、连贯，这样才能顺利地被读者理解和接受。

例：别学他们猴在马上。（曹雪芹《红楼梦》）

译文一：Don't ride a horse like those men.

译文二：Don't copy those apes on horseback.

上例选自《红楼梦》中的出殡场景。原文中王熙凤告诫贾宝玉不要"猴"在马上。"猴"字的运用十分真切地体现出了王熙凤的性格特点：亲切、泼辣。译文一并没有将这个字翻译出来，因而丢失了很多信息。而译文二则将这个字生动地再现给了译文读者，效果颇佳。

（4）方式准则与等效翻译

由于会话含义对语言形式依赖较大，因此翻译时也应尽量做到与原文的语言形式对等。译者在处理有会话含义的语句时，一般只要根据原文，译出其语义意义，采取含义对含义的对应模式即可，而无须翻译出其语用含义。这种翻译形式给读者留下了揣摩的空间，更加有利于原文效果的发挥。

（5）修辞手段与等效翻译

在正常的交际情况下，言语交际需要遵循以上四条准则。但是有时为了特殊的需要，人们会故意打破这些准则。反语、隐喻、夸张法和弱言法等修辞手段就是故意违反会话的质量准则，目的在于通过使用脱离现实的表述来增强语气，使表达更生动形象。

例：I think he was married and had a lioness at home.（我想他已经结婚了，老婆是个"母老虎"。）

上例中，"lioness"并不是说那人家里真有一头母狮子，而是一个隐喻，将那人的妻子比作"母狮子"。从表面上看，"lioness"违反了量的准则，言过其实，但发话人却使用这种修饰手段让受话人更深刻地理解了字面下面的隐藏含义。

从整体上看，一个合格的译者需要在了解源语和译语不同的语用原则的基础上，阐述不同语用意义的差异性，填补文化或语用空缺，从而使译文能够符合语用原则和语用习惯。

3. 预设的翻译

预设与翻译密切相关，在具体的翻译实践中，译者需要利用预设避免误解和误译，并需要在具体问题具体分析的基础上，摆脱之前的预设对语篇的影响。

（1）利用预设

预设对翻译有重大的意义，因为译文好坏的确定在很大程度上受意义的影响。系统功能语言学认为，译者是通过词汇、语法理解原文意义，进而了解原文语境，而表达时却是通过语境来把握意义，进而选择词语、使用语法。换句话说，译者在翻译过程中通过运用相关思维获得文本的关联链，然后建构起连贯的信息，最后在此基础上选择最佳的表达方式。可以说，要想正确理解源语内涵，避免翻译转换过程中出现的误解与误译，译者必须能够善于运用语用预设推理、结合语境分析。

例："Wanna go to a movie with me sometime, Jess?" asked Davey Ackerman. "The name is Jessica. And no I wouldn't, I don't go out with juveniles. "

译文一："杰丝，想不想什么时候和我一起去看电影？"戴维·阿克曼问道。"名字是杰西卡。不，我不和你去看电影。我不和未成年的孩子出去。"

译文二："杰丝，想不想什么时候和我一起去看电影？"戴维·阿克曼问道。"叫我杰西卡。你拉倒吧，我才不呢。我不和小年轻出去。"

上例中，男孩本想用昵称"Jess"和女孩套近乎，但女孩对他没什么好感，因此用"the name"这一特指纠正了男孩的称呼。对比译文一和译文二我们发现，后者将预设中女孩的冷淡态度表现得十分到位，与下文中女孩拒绝与其出去的回答十分相符，因而译文二质量更佳。

（2）摆脱预设

翻译实践的过程中，预设的作用首先体现在对原文含义的传递方面。但是意义的表达形式非常复杂，这就需要译者在具体的语境中进行推理判断，从而获得正确的理解。由于文本具有差异性，译者不应过于执着于先前翻译实践中所形成的预设，而是应该具体问题具体分析，在最大限度上还原原文含义。

4. 指示语的翻译

指示语是语用学中的重要概念，其在言语活动中发挥着重要的影响作用。它能够说明语言和语境之间的密切关系，并随着语境的变化而发生一定的改变。因此，若想准确地翻译指示语，需要结合语境、说话者、受话者等因素进行推断，同时在翻译过程中还要注意交际文化与背景，力图最大限度地进行语用等效翻译。

例：县官又苦苦地劝老残到衙门去，老残说："我打扰黄兄是不妨的，请放心吧。"（《老残游记》）

译文一：The hsien magistrate then again pressed Lao Ts'an most urgently to come to the yam en.Lao Ts'an said, "If I impose myself on brother Huang, it won't matter. Please don't worry."（Shadick 译 *The Travels of Lao Ts'an*）

译文二：The magistrate insisted that Mr.Decadent should go to the yam en. But the latter said, I don't mind troubling Mr. Huang, so don't worry about me."（杨宪益夫妇译 *Mr.Decadent*）

在汉语中，"兄"是一个亲属称谓语，但是在原文中，其由亲属称谓转变为了社交指示语，因此其语义也发生了变化。由于中英文语言的差异，英语中的"brother"很少用于社交场合。因此，对于指示语的翻译需要引起译者的注意。译文一将"黄兄"翻译为"brother Huang"，虽然表示出了手足之情，但是却没有表现出恭敬的含义，显得有些牵强，甚至会使读者将"虚拟关系"误解为"真实情况"。而译文二将其译为"Mr.Huang"，虽然没有称兄道弟，但是却传达了说话者的恭敬之意，也符合西方人的称谓习惯，显得更加恰当。

指示语的翻译十分灵活，需要译者根据具体语境和文化背景进行恰当翻译，同时在翻译过程中，还需要注意原文的语用含义，以保证译文准确、完整的基础上，力图最大限度地再现原文内涵，取得更大的表现效果。指示语的语用等效翻译对语用意义的阐述具有重要的影响。

5. 语境的翻译

语境在很大程度上影响着译者对原文的理解。译者在进行翻译实践的过程中，了解作为符号的语言与具体语境之间的关系对于信息的正确传递影响深远。如果译者忽视了语境的作用，则很难忠实于原文的风格进行翻译，同时也无法准确传递出原文信息。

英汉两种语言带有差异性，因此想要取得完全相同的表达效果是不可能的。在翻译过程中，译者需要在运用自身的语言知识的基础上，重视语境对文章表达的影响，从而在最大限度上还原文章信息。

语用学中的顺应论认为，交际双方在语言使用的过程中不断激活的语境因素和一些客观存在的事物动态会随着交际过程的变化而变化。交际语境和语言语境的变化对交际的影响十分重要。

因此，在进行语用翻译的过程中，译者需要对中西方的语言使用文化和交际背景进行研究，从而提高自身的翻译质量。

例：犬子将于下月结婚。

译：My little dog is getting married next month.

这个例子是汉语文化语者写给外国友人的喜帖。译文中将"犬子"译成"my little dog"显然出现了一定的语用失误，译者的译文曲解了原文的语用含义。在进行翻译的过程中，译者需要了解交际双方的交际语境。在这个例子中，其交际语境主要包括以下 3 个因素。

①物理世界因素：中英两个国度。

②社交世界因素：汉语用犬子、小儿和小女分别谦称自己的儿子和女儿，而英语中没有类似表达。

③心理世界因素：作为父母，写信人把儿子即将结婚的喜悦之情隐藏于低调之中。

根据以上分析和原文含义可输出如下译文。

My son is getting married next month.

除交际语境外，翻译时还要考虑语言语境（上下文语境）。语言语境主要包括：语篇衔接、互文性和线性序列等，并和语言结构有着密切的联系。

6. 礼貌原则的翻译

通过上面六项准则可以看出，礼貌具有不对称性，对一方礼貌就意味着对另一方不太礼貌。礼貌又具有相对性，不同的人、社会所表示礼貌、判断礼貌的标准也不同。

翻译是跨文化交际的桥梁。译者的一个重要任务就是让目的语读者体会到原文文化背景，从而更加深刻地理解原文。这就要求译者必须熟悉源语和目的语在礼貌问题上的差别。例如，英汉语言在应对赞美语时存在极大的差别。英语文化中，面对赞美，人们总是首先表示感谢，以示对发话者观点的赞同，遵循一致原则，表示了礼貌。而在汉文化中，面对赞美，人们总是否定对方的赞美，或自贬一番以示谦虚。对待这种情况，我们可以采用归化或异化的翻译策略。

（1）归化

"归化"的目的在于使译文读者能够像原文读者欣赏原文一样去欣赏译文。这就要求译文必须和原文有着高度的功能对等，且还要尽量贴近译文读者所熟悉的礼貌准则，使译文读起来没有翻译的感觉。"归化"通常用来处理那些不属于源语文化核心而又妨碍译语读者理解的礼貌因素。

（2）异化

"异化"的目的在于保存鲜明的民族文化特色，保证语篇结构和语气的完整与连贯。"异化"通常用来处理那些构成源语文化核心，一旦缺失会导致重要的源语文化信息丧失的礼貌因素，但要求不能影响上下文和语气连贯。有时为了便于外国读者理解，还会添加解释性语言。

7. 关联论与翻译

根据关联论的相关理论内容，译者在进行翻译的构成时，需要结合原文语境，从而找到译文与原文的关联点，继而译者在运用自身翻译技巧的基础上，对原文逻辑、文化进行再现，最终保证译文的质量。

英汉文化与语言的差异性给翻译带来了很大的困难，如针对同一种文化现象进行不同的语言表达，或者同一种事物有着截然不同的文化含义。在翻译过程中，译者切不可使用本土思维，否则会造成译文的语用文化缺失。同时，中西方在历史孕育过程中形成了自身鲜明的文化特色，在翻译过程中对这些文化现象的再现也成了检验译文质量高低的重要标准。

例："悼红轩" Mourning-the-Red Studio（杨译）；Nostalgia Studio（霍译）；

"怡红院" Happy Red Court（杨译）；House of Green Delights（霍译）；

"怡红公子" The Happy Red Prince（杨译）；Green Boy（霍译）。

上述分别选自《红楼梦》中"红"字表达的翻译。其中我国学者杨宪益夫妇将"红"字直接翻译为"red"，霍克斯的翻译却没有"red"一词。在翻译时，译者需要考虑作者的思维方式及读者的阅读方式，对二者进行关联。

第五章　英汉修辞与典故文化对比翻译

要想深入了解一门语言，自然不能脱离其背后的文学与典故。本章要阐述的是英汉修辞与典故文化对比翻译，包括两节：英汉修辞文化对比翻译、英汉典故文化对比翻译。

第一节　英汉修辞文化对比翻译

不同文化背景下的人们在使用其本民族的语言时，会采取不同的方式对语言进行加工、润色和调整。也就是说，语言不同，其修辞倾向也存在着明显的差异和区别。就英汉两种语言来看，它们属于不同的语系，同时又受到中西历史文化差异及两个民族在思维方式方面差异的影响，因此在词汇、句法、语篇等语言的各层面所呈现出来的修辞倾向也相差甚远。对英汉修辞文化进行对比分析不仅对不同文化背景下人们的言语交际大有帮助，而且对翻译也有着重要的促进作用。下面我们就围绕英汉修辞文化的对比与翻译进行探讨和分析。

一、英汉修辞文化的对比

英汉修辞文化不仅存在着很多相似点，还存在着诸多差异，下面就从词语修辞、结构修辞和音韵修辞这三大方面进行对比分析。

（一）英汉词语修辞对比

1. 英汉拟人修辞对比

（1）英语拟人

①拟人的定义

拟人是把人类性状或感情赋予动物，为生命及人类属性赋予无生命之物或抽象概念，或把人类的特点、特性加于外界事物上，使之人格化的修辞手法。英语的拟人与汉语的拟人几乎完全相同。拟人就是将人的思想、情感、行为方式赋予无生命的事物。

②拟人的类型

通常而言，拟人常见的形式主要有下面三种类型。

第一，将动植物当作人来写。

例：Edelweiss, edelweiss, Every morning you greet me, Smile and white, Clean and bright, You look happy to meet me.（雪绒花，雪绒花，每天清晨你向我问早，你白皙又娇小高高兴兴把我拥抱。）

此例将雪绒花赋予人的形象，将其描写为一个天真可爱的孩子。

第二，将自然现象等当作人来写。

例：The wind whistle through the trees.（风呼啸着穿过树林。）

The mist, like love, plays upon the heart of the hills and brings out surprises of beauty.（R.Tagor）（雾，像爱情一样，在山峰的心上游戏，展现出种种美丽的变幻。）

自然现象"风""雾"都是没有生命的事物，在该例中将其当作有情感的人来描写，将大自然形象生动地描绘了出来。

第三，将具体的事物当作人来写。

例：But the houses were cold, closed, and unfriendly.（可是那些房子冷漠无情，门窗紧闭，一点也不友好。）

房子本身毫无感情，作者用"unfriendly"将其拟人化，借此来表现房子里主人的冷漠无情。

第四，将抽象的事物当作人来写。

例：Envy has no holiday.（嫉妒无处不在。）

此例句中的"嫉妒"属于抽象事物，此处赋予其人的思想和行为。

（2）汉语拟人

①汉语拟人的定义

汉语拟人就是把物当人描写，赋予物以人的言行、声情笑貌，这种修辞手法又叫人格化。换言之，拟人是根据想象把无生命的东西当作有生命的东西来描写，把物当人描写，赋予各种"物"以人的言行或思想感情，举例如下。

沟仿佛在那儿说：我臭，你敢把我怎样了？我淹死你的孩子，你敢把我怎样了？政府一修沟，丁四可仿佛也说了话：你臭，你淹死了我的孩子，我填平了你这个兔崽子。（老舍《龙须沟》）

拟人修辞的使用可以使表现对象的特征更为突出，它能使无生命的东西栩栩如生，使有生命的东西可爱可憎。适当地采用拟人化手法，可以增强文章的渲染力和吸引力。

②汉语拟人的类型

汉语拟人修辞主要有以下三大类型。

第一，将动植物当作人。

例：和多姿的花儿们恋爱整个夏天我是忙碌的。（羊令野《蝶之美学》）

此例中将"花儿们"赋予"恋爱"的想法，当作人来描绘，生动形象。

第二，将具体的事物当作人来写。

例：往前开不远儿，刚过了岔道，没电了，他就下了车解手儿，电来啦，电车这么想："哟，没人管我了，那我就自己走吧，车就跑了！"（侯宝林《侯大胆》）

此例中将"电车"拟人化，给描写增添了许多趣味。

第三，将抽象的事物当作人来写。

例：盼望着，盼望着，东风来了，春天的脚步近了。一切像刚睡醒的样子，欣欣然张开了眼。（朱自清《春》）

此例将"春天"当作一个少女来描写，赋予人的言行或思想感情。

（3）英汉拟人修辞对比分析

①英汉拟人修辞的相同点

英汉拟人修辞的相同点主要体现在以下两个方面。

第一，常与呼告修辞格混合使用。拟人与呼告修辞混合使用，能有效地将作者强烈的感情、赞美、同情、憎恨、痛斥尽情地展现出来，将会使读者与作者产生心灵共鸣。

第二，拟人的手法相同。用描写人的词语来描写物，使物人格化。拟人的修辞手法可以实现托物以抒情、托物以寓意的目的。

②英汉拟人修辞的不同点

英汉拟人修辞的不同点主要体现在以下两个方面。

第一，汉语指称系统的词汇化拟人和英语动词系统的词汇化拟人。汉语指称系统是一个充满隐喻的符号世界，对于事物、现象、状态、行为的指称，中国人尤其注重指称的具象性，据此造出形象性的语词。

英语动词系统中的综合性拟人表达法也比较丰富，英语语言中普遍存在词汇缺项现象，特指名词通常在数量上多于特指动词。但汉语特指动词缺项与英语也有所不同。

这种差异的原因在于英语"结合法"的构词方法，但汉语的许多词是兼类的，也就无所谓转化。例如，汉语"头"和英语"head"，汉语"头"可做名词、形容词、量词，但不能做动词，英语"head"做不及物动词用的义项有 4 个，作及物动词用的义项有 10 个，其中有的是"死的隐喻"如"head for Tianjin"（朝天津驶去），"head down peach trees in the first year of their growth"（桃树生长的第一年时截去树梢）。由此可见，英语动词的拟人表达在汉语中无法对应，汉语对应表达通常不用拟人。

第二，英汉词汇化拟人的不完全对应的现象。词汇化与语言特点和文化背景有关联，英语中的拟人受其地理、文化等的影响。英国属于岛国，因此在英语拟人就出现了很多关于航海的词汇化拟人，如"a finger of land"（陆地伸入海洋的狭长地带）、"a neck of the sea"（海峡）等。中国多山，但是在汉语中则多对其进行平铺直叙。在西方，人们习惯于用"Father"来拟称河流，如"Father Thames"（泰晤士河）、"Father of Waters"（密西西比河）。中国自古以来以农业为主体，河流哺育了整个华夏民族，因此汉语中则通常将长江、黄河等河流拟称为"母亲河"。这就是英汉语言与文化的不完全对应现象。

2. 英汉双关修辞对比

（1）英语双关

①英语双关的定义

双关是借助同音异义或同形异义，使表达具有两种不同含义的一种修辞方式。使用双关需要一定的前提条件：双关的字面含义和隐藏含义要具有一定的相似点，这样才能使句子拥有两个含义，引发读者联想。

双关的特点是表达含蓄。通过双关可以使语言产生幽默、诙谐的效果，将隐藏之意以含蓄、幽默的方式表达出来，使倾听人更容易接受。

②英语双关的类型

英语双关主要包括以下三种类型。

第一，语义双关。语义双关是由于一词多义或同形异义而造成的双关。语义双关的使用有两种情况：表面含义和实际含义不同的双关词只出现一次；双关词出现多次，语义随语境的变化而变化。

第二，谐音双关。谐音双关又称语音双关，是利用同音异义词促使读者产生联想而构成的双关，使用语音双关可增加语言的诙谐、幽默与活泼之感。

第三，歧解双关。歧解双关的出现是由于英语单词往往有不止一个意思，受话人有意或无意误解了对方的意思。

（2）汉语双关

①汉语双关的定义

汉语中的双关是利用词语的同音、多义等条件，有意用同一个词语、句子等语言片段在相同的语境中同时照应两种事物，表达两种意思，即表面意思和隐含意思。其中，表面意思被称为表体，隐含意思被称为本体。本体是双关表达的重点。

②汉语双关的类型

根据表现形式和内容的不同，汉语双关可以分为两类：谐音双关和语义双关。

第一，谐音双关。这一类型指的是利用词语语音的相同或相似而构成的双关。

第二，语义双关。汉语中的语义双关又称语意双关、意义双关、寓意双关，是利用词语的多义现象而构成的双关。

第三，歧解双关。汉语中的歧解双关也是由于语言成分的语音相同、相近和语义多样而造成的。

（3）英汉双关修辞对比分析

①英汉双关的相同点

通过英语双关和汉语双关的定义可以看出，二者皆是利用词语的同音、多义而构成的，也都有谐音双关、语义双关和歧解双关三类。英汉双关修辞在文学作品、评论文章及广告中都得到了广泛的应用，一方面使语言产生含蓄、幽默、委婉之感；另一方面均可对社会丑恶进行批判和讽刺。

②英汉双关的不同点

众所周知，英语中经常借助同音、同形异议词同音、同形异义词来构成双关，而关于同音、同形异议词是否与汉语中的双关对应还存在争论。有学者认为英语中的同音、同形异议词与汉语中的"换义"类似。

另外，汉语双关只能关照两种事物和意义，而英语双关有时能关照两个以上的事物和意义。

例：Not I, believe me. You have dancing shoes With nimble soles; I have a soul of lead So stakes me to the ground. I cannot move.（William Shakespeare: *Romeo and Juliet*）

译：我实在不能跳。你们都有轻快的舞鞋。我只有一个铅一样重的灵魂，把我的身体紧紧地钉在地上，使我的脚步不能移动。（威廉·莎士比亚《罗密欧与朱丽叶》）

本例中，作者利用同音异形词"sole"（舞鞋）和"soul"（灵魂）构成了谐音双关，从而引发三种不同的关照：第一，"sole"（舞鞋）和"sole"（舞鞋）对照，意思是"你们都有轻快的舞鞋，我只有铅一样重的舞鞋"；第二，"sole"（舞鞋）和"soul"（灵魂）对照，意思是"你们都有轻快的舞鞋，我只有铅一样重的灵魂"；第三，"soul"（灵魂）和"soul"（灵魂）对照，意思是"你们都有舞鞋，心情又轻松，而我虽然有舞鞋，却心情沉重"。这三种对照实际上侧面反映了罗密欧当时苦恼、沉郁的心情。

3. 英汉仿拟修辞对比

（1）英语仿拟

①英语仿拟的定义

仿拟是在保持所仿成语、谚语等的基本句式不变的情况下，替换其中部分字词而构成新的成语、谚语的一种修辞手段。由于仿拟的成语、谚语等的含义早已为人们所熟知，因而仿拟出的新表达往往能够带给读者以新鲜感、趣味性，为读者留下深刻印象，达到讽刺、嘲弄或幽默的目的。

②英语仿拟的类型

英语仿拟主要包括以下四种类型。

第一种类型：仿词。仿词是指保留本体词的结构，替换掉其中的某个词而创造出临时性的新词。

例：Now is the time to bomb the hell out of Germany from the west.They'll say and build up for final assault. (Herman Wouk: *The Winds of War*)

译：他们会说，现在是时候了，应该从西边把德国炸个灵魂出窍，并且集结军力准备最后总攻。（赫尔曼·沃克《战争风云》）

第二种类型：仿语。仿语是指保留本体短语的结构，替换掉其中的个别词语而构成新的短语。

例：Though Henry Adams found Cambridge a social desert, it flowed with intellectual milk and honey.

译：虽然亨利·亚当姆斯认为剑桥是一个"社会沙漠"，但它却流着知识的奶和蜜。

第三种类型：仿句。仿句是在保留本体句结构的基础上改动个别词语，创造出临时性的新句子。

例："One better than that," said Chadwick, "is to give the place a nice new fancy name altogether.Bags of swank." "An Elementary School by any other name still stinks." (G.W.Target: *The Teachers*)

查德维克说，"上策就是给这个地方取一个新的花哨的名字。改头换面气象新嘛！""一所小学不管取什么名字还是香不起来的。"（G.W. 塔吉特《老师》）

第四种类型：仿调。仿调是指整个章节、诗文仿拟了原有的某一语篇、诗文的形式，表现出了新的内容。

例：How doth the little crocodile. Improve his shining tail. And pour the waters of the Nile. On every golden scale! (Lewis Carroll: *Alice's Adventures in Wonderland*)

译：小小鳄鱼爱保养，尾巴擦得闪闪亮，尼罗河水灌下来，冲洗每片金鳞甲！（刘易斯·卡罗尔《爱丽丝漫游奇境》）

（2）汉语仿拟

①汉语仿拟的定义

仿拟是为使语言诙谐讽刺而故意仿照一种既成的语言形式，即根据表达需要而故意仿照人们熟悉的既有语言材料，创造出新的词语、短语、句子、语篇，使语言或生动活泼，或幽默诙谐，或讽刺嘲弄。

②汉语仿拟的类型

汉语仿拟可以分为以下四大类型：仿词、仿语、仿句、仿调。

第一种类型：仿词。汉语中的仿词是替换原词中的某个或某几个关键字而构成的。替换的字与原字之间具有相反、相对或谐音等关系。仿词在语篇中使用时大多先说本体词，再说仿词。

例：大哥，只要您肯穿，别说是西装，就是天装我也能替你弄到手。（陆文夫《清高》）

本例中，本体词是"西装"，仿词是"天装"，二者语义相对。

第二种类型：仿语。汉语仿语通常替换成语中的某个或某两个字构成新的"成语"。由于汉语成语的结构较为固定，一般是四个字，即使替换一两个字也能被读者辨认出来，因此被仿的成语一般不出现。

例：在一个历史性的时刻，我一家旅居于一个小山村。其地民情醇厚；其地山水甚美，花草树木甚美，雀鸟蝴蝶甚美。我忽然有动于衷，并异想天开，以小散文试作花卉画，试作风景画。（《榕树文学丛刊》）

本例中的"有动于衷"是对"无动于衷"的仿拟，二者互为反义。

第三种类型：仿句。仿句是在原句格局或句法的基础上替换其中的部分词语而构成新的句子。仿拟的对象通常是古今广为流传的名言名句。

例：今天考试的时候，小丹明明知道课文中有一句"一次被蛇咬，三年怕井绳"的成语，可是他自己没有被蛇咬过，不如写成"一次被蜂咬，三年怕嗡嗡"更加贴切些。（叶永烈《奇怪的蜜蜂》）

本例中的"一次被蜂咬，三年怕嗡嗡"是对"一次被蛇咬，三年怕井绳"的仿拟。

第四种类型：仿调。仿调就是对既存篇章、语调的模仿。

例：我的所爱在山腰；想去寻她山太高，低头无法泪沾袍。爱人赠我百蝶巾；回她什么，猫头鹰。从此翻脸不理我，不知何故兮使我心惊。（鲁迅《我的失恋》）

本例仿自张衡的《四愁诗》。原文节选如下。

我所思兮在太山，欲往从之梁父艰，侧身东望涕沾翰。美人赠我金错刀，何以报之，英琼瑶。路远莫致倚逍遥，何为怀忧心烦劳。（张衡《四愁诗》）

由于仿拟的对象通常是家喻户晓的诗词、成语、谚语、公文等，往往能收到一定的喜剧效果，因而也广泛应用于人们日常生活的各个领域中。

（3）英汉仿拟修辞对比分析

①英汉仿拟的相同点

英汉仿拟的相同之处在于二者的构成方式、分类及修辞功能都很相似：都是在保留本体基本结构的基础上改变其中的部分字词、句子等；都可以分为仿词、仿语、仿句、仿调；都具有简洁明了的特点和幽默、讽刺的效果，能够使语言更加生动活泼、富有说服力。

②英汉仿拟的不同点

由于英汉语言在语音、语义、语法等方面都存在很多差异，因此英语仿拟和汉语仿拟在类型和适用范围上也存在一定的差异。汉语中的仿拟以仿词、仿句最为常见，这是汉语构词灵活性大的特点所致。而英语中基于字词的仿拟则相对于汉语要少一些。

（二）英汉结构修辞对比

1. 英汉排比修辞对比

（1）英语排比

①英语排比的定义

排比，英语称为 Parallelism，这个词源自希腊语，意为 "beside each other"或 "along side one another"，指的是两个平行项，就如同两条平行线并排在一起。

排比在《文学术语词典》（*A Dictionary of Literary Terms*）中是这样解释的："It consists of phrascs or sentences of similar construction and meaning placed side by side, balancing each other."（它是结构相似或相同，意义相关或并重，语气一致的语言成分平行排列的一种修辞手法。）从定义我们可以看出排比的格式是平行排列两个或两个以上结构相同或相似、意义相关的短语或句子。在实际运用中，三项式要比两项式的多，三项以上的也不少。

②排比的句法表现形式

英语排比的句法表现形式有以下四种类型。

第一，单词的平行排列。单词的平行结构构成该结构的词既可以是名词、动词、形容词，也可以是分词。在句中所作成分是主语、谓语、宾语、状语或同位语。

第二，短语的平行排列。短语的平行结构中的短语包括介词短语、不定式短语、形容词短语、动词短语、分词短语及其他短语。

第三，从句的平行排列。从句的平行结构，顾名思义就是几个从句构成的排比。

第四，句子的平行排列。句子的平行结构就是由几个句子组成的排比。

（2）汉语排比

现代汉语词典给排比下的定义是："修辞方式，用一连串内容相关、结构类似的句子成分或句子来表示强调和一层层的深入。"排比用于叙事时，会使叙事层次更加分明，语义更加畅达；用于说理时，会使说理条理更加清晰，气势更为磅礴；用于抒情时，会使感情丰富洋溢。

例：我看樱花，往少里说，也有几十次了。在东京的青山墓地看，上野公园看，千岛渊看……在京都看，奈良看……雨里看，雾中看，月下看……日本到处都有樱花，有的是几百棵花树拥在一起，有的是一两棵花树在路旁水边悄然独立。（冰心《樱花赞》）

这段话中，出现了几个连续的排比句，从结构上来看是相似的，所表达的意思也是相连和相关的，而且语气一致。它们都有一个共同的字眼"看"，这也正是作者需要反复强调的。

（3）英汉排比修辞对比分析

英汉排比的比较可以从两个方面来进行，即修辞作用和结构。概括来说，英汉排比的修辞作用相同，但结构却存在差异。

①修辞作用方面

英汉排比的修辞作用大致相同，主要表现在以下两个方面。

第一，排比用于说理，会使说理更加周密、透彻、发人深省。

第二，排比用于抒情，可以使语气更加强烈，感情更加丰富。

②结构方面

英汉排比在结构上存在着差异，主要体现在省略和替代两个方面。

例：If you are writing without zest, without gusto, without love, you are only half a writer.

译：你在创作时如果没有激情、没有热忱、没有爱心，那你只能算是个"半拉子"作家。

上述英汉例子排比语法结构完整匀称，没有省略任何词语。大多数情况下，英语中的排比没有省略，只有在少数情况下有词语省略的现象出现。而汉语排比在任何情况下都不存在省略现象。英语排比的省略多表现在动词这种提示语（构成排比句的几个组成部分中反复出现的词语）的省略上。

2. 英汉反复修辞对比

（1）英语反复

①反复的定义

反复的表现形式是多种多样的，既包括形、音方面，也包括含义方面的重复。

②英语反复的类型

反复的运用格式可分为两大类型：连续反复和间隔反复。

第一种类型：连续反复。连续反复即相同的单词、短语或句子紧接着出现，中间没有其他词或短语。这样的反复一气呵成，如排炮连发，给人一种江河直下的美感。

第二种类型：间隔反复。间隔反复即相同的单词、短语或句子紧接着出现，但中间插入了其他词或短语。根据被重复词语在句中的位置，可将反复划分为：句首反复、句尾反复、首尾反复及尾首反复等。

第一，句首反复，即同一单词或短语出现在连续数句的开头。由于句首的位置最醒目，反复运用会强化视觉上的刺激，产生强烈的印象。

第二，句尾反复，即在数句的结尾重复使用一个单词或短语。一般情况下，句尾是意义的重心所在，是新信息所在。

第三，首尾反复，是指在一个分句或句子的首尾使用相同的词，形成首尾呼应。首尾反复给人鲜明深刻的印象。

第四，尾首反复，即用句子中上一部分的结尾词来作为下一部分的开始，或者在连续两个句子里，后一句句首重复上一句句尾的一个词，使得前后两部分首尾蝉联。

（2）汉语反复

①汉语反复的定义

陈望道在《修辞学发凡》一书中，给反复的定义如下："用同一的语句，一再表现强烈的情思的，名叫反复辞。"[①] 徐鹏在《修辞和语用：汉英修辞手段语用对

---

① 陈望道. 修辞学发凡 [M]. 上海：复旦大学出版社，2008.

比研究》一书中，给的定义是："汉语的 Y 反复，是有目的地连续或间隔使用同一单词、短语或句子的修辞格。"[1]

反复是汉语传统的修辞方法之一，它广泛地应用于散文、小说、诗歌、戏剧及人们日常的言语中。其表现形式丰富，种类繁杂。

例：从浦口山上发脉，一个墩，一个炮；一个墩，一个炮，一个墩，一个炮，弯弯凸曲，骨里骨碌，一路接着滚了来。滚到县里周家冈，龙身跌落过峡，又是一个墩，一个炮；骨骨碌碌几十个炮赶了来，结成一个穴情，这穴情叫作"荷花出水"。（吴敬梓《儒林外史》）

②汉语反复的类型

根据反复的连续与否，我们可以把反复分为连续反复和间隔反复两种基本形式。

沙僧道："怎的说？"呆子道："了不得！了不得！疼疼疼！"说不了，行者也到跟前笑道："好呆子啊！昨日咒我是脑门痛，今日却也弄做个肿嘴瘟了！"八戒哼道："难忍难忍！疼得紧！利害，利害！"（吴承恩《西游记》）

在上例中，既有词的反复，如"疼疼疼"和"利害，利害"，又有词组的连续反复，如"了不得！了不得！"和"难忍难忍！"。运用这些反复，生动而形象地表述了八戒极度疼痛而焦急的状态。

（3）英汉反复修辞对比分析

无论是英语，还是汉语，反复修辞格的使用，不仅可以表现逐渐加强的情感，还能给人一种逐步加深的感染力。

例：We shall go on to the end, we shall fight in France, we shall fight on the seas and oceans, we shall fight with growing confidence and growing strength in the air, we shall defend on the beaches, we shall fight on the landing grounds, we shall fight in the fields and in the streets, we shall fight in the hills.（Churchill: *Report the Miracle of Dunkirk*）

译：我们将坚持到最后，我们将在法国国土上作战，将在海洋上作战，我们的空中力量将越战越有信心，越战越强，我们将誓死保卫祖国。我们将在滩头作战，在敌人登陆地作战，在乡村田野、城市街头作战，我们将在山中作战……（丘吉尔《报告敦刻尔克撤退的奇迹》）

---

① 徐鹏. 修辞和语用：汉英修辞手段语用对比研究 [M]. 上海：上海外语教育出版社，2007.

这是英国首相丘吉尔的演讲，情绪激昂，气势磅礴。一连串八个"We shall"，充分地表达了要全面彻底打败希特勒的决心和意志。此处反复的使用增强了鼓舞性和号召力。

例：你看，有一个愿意我活几天的，那力量就这么大。然而现在是没有了，连这一个也没有了。同时，我自己也觉得不配活下去；别人呢？他不配的。同时，我自己又觉得偏要为不愿意我活下去的人们而活下去；好在愿意我好好活下去的已经没有了，再没有谁痛心。使这样的人痛心，我是不愿意的。然而现在是没有了，连这一个也没有了。（鲁迅《孤独者》）

此外，反复既可以用于演说、诗歌和小说，还可以用于论说文体。

二、英汉修辞文化的翻译

通过对上述英汉修辞文化进行对比，不难发现，英汉修辞尽管有相似之处，但每种修辞都有其固有的特点，因而在对英汉修辞文化进行翻译时，也应在忠实原内容的基础上，根据具体要翻译的文本采取灵活多样的翻译方法。

（一）直译法

1. 拟人修辞的直译

在拟人修辞中运用直译法可以最大限度地保留拟人的生动性和形象性。

例：Autumn sunsets have come to me at the bend of a road in the lovely waste, like a bride raising her veil to accept her lover.

译：秋天的夕阳，在荒原上的大路转角处迎接我，如新娘掀起她的面纱迎接她的爱人。

此例中作者通过拟人手法，把"autumn sunset"比作"bride"，通过come、raise、accept一系列动词的修饰，将秋日夕阳的美丽、迷人、含蓄表现得淋漓尽致。

2. 排比修辞的直译

对于排比的翻译，大多数情况下可以直译。对排比进行直译，不仅可以保留原文的声音美和形式美，还可以再现原文的强调效果，同时也与汉语排比的特点相符合。

例：Voltaire waged the splendid kind of warfare...The war of thought against matter, the war of reason against prejudice, the war of the just against the unjust.

译：伏尔泰发动了一场辉煌的战争……这是思想对物质的战争，是理性对偏见的战争，是正义对不义的战争……

3. 仿拟修辞的直译

由于仿拟的对象大多是广为人知的，因而仿拟修辞在形和义这两大方面通常都能在目的语中找到与之对应的表述。这就使很多仿拟修辞可以采取仿本体直译的方法进行处理。

例：Wine was thicker than blood to the Mondavi brothers, who feuded bitterly over control of the family business, Charles Krug Winery.（*National Geographic*）

译：对于蒙特维兄弟来说，酒浓于血，他们为了争夺查尔斯·库勒格酒厂这份家业，而斗得不可开交。（《国家地理》）

本例中的"Wine was thicker than blood"仿自一句英语谚语"Bloodis thicker than water."。译文仿照这句谚语的翻译结果——血浓于水，来翻译原文中的仿句，完整传递了原文的含义。

（二）意译法

1. 拟人修辞的意译

中西方语言文化之间的差异性对英汉语言的表达有着重要影响。这些表达的差异性导致一些表达不能直接采用直译法进行翻译，需要进行意译。

例：Sickness kept him in the room.

译：他因病被关在屋子里。

Rome witnessed great historical events.

译：在罗马发生过许多重大历史事件。

上面的两个例句中的"sickness"和"Rome"都被拟人化了，但在翻译时没有将它们的拟人形式翻译出来，而是采用意译法进行翻译。

2. 类比修辞的意译

由于英汉语言结构的差异，英汉类比修辞有时无法用直译法进行翻译，可以采用意译法进行处理。

例：For answers successfully arrived at are solutions to difficulties previously discussed.And one cannot untie a knot if he is ignorant of it.（Aristotle）

译：答案可以从前面的讨论中得到，一个无知的人怎能解开知识之结呢？（亚里士多德）

此例中亚里士多德将"答案"与"结"类比，前后两句彼此对照，使表意更加深刻。

3. 仿拟修辞的意译

当直译效果不好时，就要摆脱原文修辞形式的束缚，根据目的语的表达习惯进行意译，保证译文能够忠实、完整地传递原文含义。

例：He intended to take an opportunity this afternoon of speaking to Irene. A word in time saves nine.（John Galsworthy）

译文一：他打算今天下午找个机会和艾琳谈谈。一句话说在点子上，以后就可以一句话顶九句。

译文二：他打算今天下午找个机会和艾琳谈谈。一句话说在点子上，以后就可以省去很多麻烦。

本例中的"A word in time saves nine"仿自英语谚语"A stitch in time saves nine."。对比采用直译的译文一和采用意译的译文二可以发现，译文一显然没有译文二读起来顺畅自然。

（三）对应译法

1. 头韵修辞的对应译

对应翻译法指的是在汉语中有与英语相对应的双声词，此时将其译为汉语的双声。汉语的双声也可以直接译为英语头韵，但是通常这种情况比较少见。

例：松林中射来零乱的风灯，都成了满天星宿。

译：Lights from hurricane lamps flickering about in the pine forest created the scene of a star-studded sky.

上面汉语原句中的"零乱"和"星宿"是双声词，在翻译中，译者将"星宿"译为英语的头韵"star-studded"和"sky"，而将"零乱的风灯"这一描述用头韵"lights"和"lamps"表现了出来，从而成功地再现了原文双声产生的音韵效果。

2. 尾韵修辞的对应译

英语中的尾韵与汉语中的叠韵只有在少数情况下可以实现对应翻译，在一些谚语、习语、诗歌中的少数尾韵修辞可以译为汉语的叠韵词。

例：No money, no honey.

译：少了金钱，缺了蜜甜。

上面原句中的"money"与"honey"押尾韵 /ʌni/，在翻译过程中，译者使用了汉语中的"钱"与"甜"形成叠韵，并且采用了汉语的并列结构进行翻译，既再现了原文的音韵美，又体现了原文的形式美。

3. 双关修辞的对应译

如果英语中的多义词能够在汉语中找到对应词语，即可采取对应译的方法保留原文的双关来翻译。

例：She's the nimblest girl around. Nimble is the way she goes. Nimble is the bread she eats, light, delicious, Nimble.

译：她是附近最敏捷的女孩，敏捷是她的举止特点。"敏捷"是她食用的面包——松软味美的"敏捷"。

本例是一则面包广告。"nimble"本义是"敏捷的"，这里还有另外一个含义，即面包的商标名称。译文将面包名称翻译成"敏捷"正是利用谐音传递了原文的双关修辞效果，做到了忠实原文。

（四）修辞的其他翻译处理

1. 拟声修辞的音译

由于英汉拟声存在一定的相似性，因此英语中的一些拟声修辞可以直接采用音译法进行翻译，音译法最大限度地保留了原文的音韵美。

例：All was quiet and still except for the distant tinkling of a piano.

译：除了远处一架钢琴的叮当叮当声外，万籁俱静。

由于英汉语言的差异性，使得两种语言中对于同一种声音的模拟存在一定的差异性。在音译法中有时会出现英语的拟声词和汉语中的拟声词不完全对应的情况，此时需要在保留原文拟声的基础上将其翻译为符合汉语表达习惯的拟声的词。

2. 头韵修辞的转译

英语中的一些头韵的美感是无法用汉语表现出来的，这时只能采用转译法将其意境传达出来。译者在翻译时，可以采用汉语的叠字、双声、拟声、押韵、比喻等修辞手法对源语进行翻译。

例：Out of the bosom of the air, Out of the cloud-folds of her garments shaken, Over the woodlands brown and bare, Over the harvest-fields forsaken, Silent, and soft, and slow.Descends the snow.（Longfellow: *Snowflakes*）

译：从天宇深处，从飘动着她的长袍的云层里，漫过光秃秃的褐色林木，漫过收获后废弃的田地，悄悄，轻轻，缓缓，飘下雪花一片。（朗费罗《雪花》）

上面英语原诗中使用了头韵 silent、soft、slow 来描绘大地沉寂、雪花轻飘的景象。为了再现这一表现效果，译者在翻译中将原诗中的头韵分别转译为汉语的叠词"悄悄""轻轻""缓缓"，节奏舒缓，较好地传递了原诗的修辞效果。

3. 尾韵修辞的转译

转换译法就是将英语的尾韵修辞译为汉语中的其他修辞格形式。英语尾韵修辞常被译为汉语的对比和结构。

例：April showers bring May flowers.

译：四月骤雨，五月鲜花。

上面原句中的"showers"与"flowers"押尾韵。在翻译过程中，译者采用汉语的并列结构来代替原句中的尾韵修辞，这种形式对称之美一定程度上弥补了音韵美的缺失。

例：Friends may meet, but mountains never greet.

译：山与山不相会，人与人总相逢。

上面原句中的"meet"与"greet"押韵 /iːt/，虽然译文并不押韵，但通过"山"与"人"的重叠，以及整个句式的对比，都巧妙再现了原文的音韵美。

4. 拟人修辞的归化翻译

归化法翻译在拟人修辞中比较常见，尤其是把运用于人的称谓用于"物"，并用人称代词"他""她"来指代"它"。

例：I ran across a dim photograph of him the other day, going through some old things. He's been dead twenty-five years. His name was Rex and he was a bull-terrier.

译：前几天，我偶然发现他的那张已变得模糊不清的照片，不由回忆起了往事：他已死了 25 年了，他叫雷克斯……，他是一只猎犬。

此例用体现阳性的代词"he"，表示一只猎犬。将猎犬拟人化，对其赋予感情。在拟人修辞中"she"常用来指代优美柔和的事物，如 moon、truth、spring、 pity、night、country、earth；"he"常用来指代强有力的、伟大的或恐怖的事物，如 ocean、mountain、God、war、tiger、horse、thunder、anger。译者采用归化的方法译出了他对爱犬的回忆和亲昵。

第二节 英汉典故文化对比翻译

典故具有丰富的内容和浓厚的民族色彩，是人们在认识世界的过程中形成的一种语言形式，与特定的历史文化语境紧密相关，体现了不同文化背景下人们的思想观念、价值取向、思维方式及道德意识。英汉两个民族在历史、文化、风俗等方面存在一定的差异，因此两种语言中的典故也具有不同的文化内涵。下面将对当代英汉典故文化的对比与翻译进行探讨。

一、英汉典故文化的对比

典故是文化和语言中重要的组成部分，它是民族文化的沉淀，承载着民族文化信息和民族文化特色。下面我们将从不同层面对英汉典故文化进行对比分析。

（一）英汉典故结构对比

从结构形式方面来看，英汉典故也存在着诸多不同，具体体现在以下两个方面。

1. 英语典故的结构

英语典故往往具有灵活、自由的结构特点，句式可松可紧，可长可短，字数的伸缩范围极大，甚至有的典故只有一个词。例如：Eden（伊甸园）、Watergate（水门事件）、Shylock（放高利贷者）。有的典故则很长，可以是几个字、十几个字，甚至完整的句子。例如：hair by hair you will pull out the horse's tail.（矢志不渝，定能成功）；What one loses on the swings one gets back on the roundabouts.（失之东隅，收之桑榆）。

2. 汉语典故的结构

与英语典故相比，汉语典故具有结构紧凑、用词精简的特点。其表现形式主要有以下两种。

（1）四字结构

典故演变为成语时，多采用四字结构，这种结构的典故十分常见，如"掩耳盗铃""守株待兔""画蛇添足""百步穿杨"等。

（2）对偶性短句

这种形式的汉语典故虽然没有四字结构的多，但也较为常见，如"鹬蚌相争，渔翁得利""皮之不存，毛将焉附""庆父不死，鲁难未已"等。

除上述两种形式外，汉语中偶尔也有二字或三字组成的情况，字数较多或单独成句的情况比较少见，如"不到长城非好汉"等。

需要注意的是，汉语中有相当大一部分典故是名词性词组，它们在句子中可以作一定的句子成分。

（二）英汉典故来源对比

英语与汉语中的很多脍炙人口的典故都源自神话传说、寓言故事、历史故事、文学作品及风俗习惯等。此外，还有一部分英语典故来自影视作品、体育运动和社会生活。

1. 英语典故的来源

英语中的典故主要有下面 7 种来源。

（1）神话传说

英语中的很多典故都出自神话传说。例如，"mercury fig"喻指"获得的第一批成果"。墨丘利是行走如飞、多才多艺的神的信使，罗马人把无花果树上结出的第一批果实送给墨丘利，后来"Mercury fig"（墨丘利的无花果）被用来比喻"获得的第一批成果"。

（2）寓言故事

寓言指用假托的故事或自然物的拟人手法来说明某个道理或教训的文学作品，有讽刺或劝诫的性质。寓言故事短小精悍，不仅具有浓郁深厚的历史文化色彩，而且具有深刻的寓意，耐人寻味，往往给人以重要的启发、教育意义。

英语中的很多典故都出自寓言故事。例如："sour grapes"（酸葡萄）喻指"假装瞧不起自己想得而得不到的东西"；"a wolf in sheep's clothing"（披着羊皮的狼）喻指"貌善心毒的人""口蜜腹剑的人"；"borrowed plumes"（借来的羽毛）喻指

"靠别人得来的声望"; "don't count one's chickens before they are hatched"（蛋尚未孵先数鸡）喻指"不要过早盲目乐观"。

（3）历史事件

英语中有很多来自欧洲众多国家的历史事件的历史典故。例如，"Pyrrhic victory"（皮洛士的胜利）喻指得不偿失的胜利。这一典故来源于古希腊时期，伊庇鲁斯的国王皮洛士在公元前281年、279年两次率重兵渡海征战意大利，在付出了巨大的代价后取得了胜利。

"Gold rush"（淘金热）喻指做某事的热潮。这一典故原意是指美国历史上西部淘金时期的高峰期。

"Fifth column"（第五纵队）喻指渗透打入敌人内部，进行暗中破坏和里应外合的间谍或内奸。该典故源自西班牙内战，当时佛朗哥的莫拉将军声称，他有四支纵队从四面八方保卫马德里，而"第五纵队"则在城内与其策应。

（4）文学作品

英语中有相当一部分典故出自一些著名作家的作品，其中来自莎士比亚作品的典故尤其丰富，例如，"Romeo"（罗密欧）是莎士比亚戏剧《罗密欧与朱丽叶》中的男主人公，指英俊、多情、潇洒，对女人有一套的青年。"Caviar to the general"（不合一般人口味的鱼子酱）喻指阳春白雪，曲高和寡。该典故出自莎士比亚的著名悲剧《哈姆雷特》中的第二幕第二场。

（5）体育运动

英语中与体育相关的典故有很多。在英美国家中，体育运动相当发达，国民普遍都喜欢运动健身，因此体育是人们经常论及的话题。长此以往，便产生了大量与体育相关的术语，有些术语经过转义还被广泛运用于日常生活领域，后来逐渐演变为典故。

例如，"Play one's trump card"（打出王牌）喻指在工作、经商、比赛、对抗或战争中使出绝招，采用最有把握取胜的办法。这一典故源自桥牌术语，意指关键时刻打出王牌以制胜。

"Strike out"（三击不中而出局）喻指失败。其来自棒球术语，原意指击球手在比赛中三击不中就要退场。

（6）影视作品

电影的出现为人们带来了全新的娱乐方式，电影中的人物与故事情节成为人们津津乐道的话题。因此，影视作品也成为英语典故的一个来源。

如："Ramho"（兰博）是电影《第一滴血》（*The First Blood*）的主人公。兰博参加过越南战争，接受了特种兵训练，面对种种不公正待遇，他采取了以暴易暴的方式。因此，兰博就成了"硬汉"的代名词。

"Mickey Mouse"（米老鼠）是沃尔特·迪士尼动画片中最著名的角色，最早出现于动画片《汽船威利号》（*Steamboat Willie*）中。在现代英语中，"Mickey Mouse"喻指初级的或微不足道的东西，表示轻视或不满的情绪。

"Make my day"（成全我这一天吧）喻指对于对手的某种行为的强烈反应、高度兴奋，自信能战胜对手，肯定会马到成功。这一典故源自美国电影《奇袭》（*Sudden Impact*）。该电影中一名名叫"胡来的哈里"的警探拔枪对准一个也试图掏枪的犯罪嫌疑人，说"Go ahead, make my day."。

（7）社会生活

随着经济全球化的不断推进，英语国家的社会结构、产业结构发生了巨大变化，新事物、新潮流不断涌现出来，随之也产生了一些新的词汇，其中的某些词汇由于具有显著的特点而演变为英语中的典故。

例如，1959年，美国马特尔玩具公司推出一款金发碧眼、身材苗条的盛装少女玩偶，并将其命名为"Barbie doll"（芭比娃娃）。这些"Barbie doll"的服装紧跟时尚界的潮流，比一般的娃娃更受女孩子喜爱。后来，"Barbie doll"用来比喻指注重外表与享乐却无理智的女子。再如，美国国务院的原址位于原汉堡镇（现属于华盛顿），该镇由于南部沼泽地区经常在夜间释放对人体有害的雾气而被称为"Foggy Bottom"（雾谷）。因此，"Foggy Bottom"成为美国国务院的别称，现用来喻指国务院所使用的含混、隐晦的官方语言。

2. 汉语典故的来源

汉语典故的来源主要包括以下5个方面。

（1）神话传说

中国是四大文明古国之一，中华民族具有悠久的历史，其神话传说也是源远流长。汉语中有很多来源于神话故事的典故。例如，"点石成金"，该典故来源于古代神仙故事，说的是仙人可以用法术将石头变成金子，如《列仙传》就谈到许逊能点石成金。到后来，"点石成金"除了本意外，还引申出了比喻义，比喻把不好的诗文改好。

（2）寓言故事

汉语中的寓言故事大多来自古代典籍，尤其是先秦时期。例如，"揠苗助长""守株待兔""狐假虎威""刻舟求剑""画蛇添足"等，这些寓言故事，至今仍然能够给人们以艺术审美的愉悦和享受。

（3）历史故事

中华民族是一个历史悠久的民族，经历过多次改朝换代，且每个朝代都会发生重大的历史事件。因此，有大量反映历史事件、历史故事的典故成为汉语语言的一部分。如："纸上谈兵"喻指不切实际的空谈。这一典故出自《史记·廉颇蔺相如列传》，战国时赵国的赵括从小善于谈论兵法，因此赵王用他代廉颇为将，结果长平一战，赵军损失四十五万将士。

（4）古典文献

有一些汉语典故是从古典文献（包括史学、哲学、文学书籍与作品）中的经典名言名句里抽取、提炼、演化而来的，是人们为了方便使用而精练概括出来的。例如，出自《三国演义》的"三顾茅庐""过五关斩六将"；出自《红楼梦》的"林黛玉"；出自《水浒传》的"梁山好汉"。类似的汉语典故还有很多。

（5）风俗习惯

风俗习惯是社会上长期形成的风尚、礼节，是社会文化的重要组成部分。汉语中的许多典故都与中国的社会礼仪、民间习俗、生活习惯有关。例如，"半斤八两"源自中国习惯于使用的"斤"这一计算单位，以前一斤是 16 两，后来一斤是 10 两，因此这个成语表示一半对一半，彼此差不多。

（三）英汉典故设喻对比

英汉典故在来源方面是基本一致的，因此各自典故的设喻方式也大体类似。概括来看，英汉典故的设喻方式通常有以下 4 种类型：以人物设喻、以事件设喻、以动植物设喻、以地名设喻。

1. 以人物设喻

以人物设喻是指将特定事件或故事所涉及的人物作为喻体，来表达一种特定的寓意。

例如，英语中有"a Herculean task"（赫拉克勒斯的任务），这一典故取自古希腊神话，赫拉克勒斯为了赎罪，需要完成十二项极其危险的任务（多是与猛兽凶怪战斗），因此该典故用来喻指艰难的、常人难以完成的任务。再如，"Shylock"（夏洛克）是莎士比亚喜剧《威尼斯商人》中的一位心地残忍的守财奴，经常被用来喻指那些既吝啬小气又手毒心狠的人。

汉语中也有许多以人物设喻的典故。例如，"孟母三迁"原本说的是孟子的母亲在孟子幼年时，十分重视居所邻居的选择，目的是给孟子选择良好的教育环境，并因此三次迁居，后来被用来喻指选择良好的居住和教育环境对于儿童教育的重要性。其他的以人物设喻的汉语典故还有"姜太公钓鱼""王祥卧冰""成也萧何，败也萧何"等。

2. 以事件设喻

以事件设喻是指将特定的事件或故事作为喻体，用以表达一种特定的寓意或喻指。例如，英语典故"the Last Supper"出自基督教故事，耶稣基督得知自己将被一门徒出卖之后，依然从容坚定，召集十二门徒共进最后的晚餐，同时当场宣布这一预言。后用该典故喻指遭人出卖。

汉语文化中也有很多以事件设喻的典故。例如，"负荆请罪"这一典故讲的是战国时期廉颇为自己的居功自傲、慢待蔺相如而向其负荆请罪，从而使将相复合，后用该典故指认错赔礼。

3. 以动植物设喻

以动植物设喻是指将特定的事件或故事所涉及的动植物作为喻体，用以表达一种特定的寓意。

例如，英语典故"scapegoat"（替罪羊）源自古代西亚民族的习俗，将通过抽签抽出来的一只大公羊作为本民族的替罪羊被逐至旷野，以带走本民族的一切罪过。现用来指代人受过或背黑锅的人。

在汉语文化中，"草木皆兵"讲的是前秦苻坚领兵进攻东晋，进抵淝水流域，登寿春城瞭望，见晋军阵容严整，又远望八公山，把山上的草木都当作晋军而感到惊惧，后来喻指惊慌之时的疑神疑鬼。

4. 以地名设喻

以地名设喻指的是将特定事件或故事所涉及的地名作为喻体，用以表达一种特定的寓意或喻指。

例如，英语中的"meet one's Waterloo"（遭遇滑铁卢），滑铁卢是比利时的一个城镇，在这里发生的滑铁卢战役中，拿破仑率领的法军战败，后人就用此语来喻指惨遭失败。

汉语中也有这样的典故。例如，"东山再起"讲的是东晋谢安退职后退隐东山做隐士，但是后来又出山任了朝廷要职，后来喻指失势之后重新恢复地位、权势等。

（四）英汉相似或共通的典故

英汉典故存在很多不同之处，但是这并不意味着英汉两种语言在典故文化方面完全不同。实际上，英语和汉语中有一些典故的喻体、喻指都相似甚至完全相同。

1. 共同吸纳的典故

在英语和汉语中，有些典故都是从共同的某一个出处吸收过来的。例如，英语中的"cry wolf"与汉语中的"狼来了"。"cry wolf"与"狼来了"都出自《伊索寓言》，喻指说谎的人会遭到报应。

"pull chestnuts out of the fire"与"火中取栗"相对应。这两个典故均出自一则法国寓言：一只猴子和一只猫看见炉火中烤着栗子，猴子叫猫去偷，猫用爪子从火中取出几个栗子，结果烧掉了自己脚上的毛，而猴子却吃掉了栗子。在两种语言中，该典故都用来喻指冒风险给别人出力，自己却上了当，结果一无所得。

2. 巧合的典故

英语中的"burn one's boats"与汉语中的"破釜沉舟"这两则典故虽然史事背景不同，但是情节非常相似。

"burn one's boats"取自这样一个史实：公元前49年，罗马执政庞贝与元老共谋进攻恺撒。当时，恺撒的领地与意大利交界处有一条小河。恺撒率军渡过河，准备与敌军决一死战。他烧毁了渡河用的所有船只，以断绝本军后路、逼士卒奋勇向前，最后一举战胜敌人。

汉语"破釜沉舟"也取自一个极为相似的史实：战国时期，项羽率兵与秦军打仗，过河后命令部下将渡船凿沉，把饭锅砸破，然后携带三日的干粮，以表示为取得战争胜利必死的决心，喻指背水一战，志在必得。

英汉语言中的这两则典故的寓意相同，都指的是采取不留后路的行动，表示勇往直前的信念和决心。

二、英汉典故文化的翻译

典故承载着浓重的民族历史与智慧，而且生动、形象。因此，在对其进行翻译时，译者应该保证真实传递其含义，同时要保证其形象性与民族性特点。本书就主要研究英汉典故文化的翻译。

（一）英语典故的汉译

英语典故的汉译主要可以采取如下 5 种方法。

1. 直译法

直译法是翻译英语典故的一种常见方法。直译，即通过对原有形象进行保留，从而保留源语的民族特色。

例：Mr.Vargas Llosa has asked the government "not to be the Trojan horse that allow the idealism into Peru".

译：巴尔加斯·略萨请求政府"不要充当把理想主义的思潮引入秘鲁的特洛伊木马"。

本例中，译文将 "Trojan horse" 这一典故直译为"特洛伊木马"，这是因为读者对该典故比较熟悉。该典故源自古希腊的一则传说，古希腊人攻打特洛伊城时，把精兵伏于木马内，诱使特洛伊人将木马放入城中，夜间伏兵跳出，里应外合，攻下此城。后来常用"特洛伊木马"比喻"内部颠覆"。

2. 意译法

英汉文化存在着明显的差异，一些典故在翻译时很难保留源语的形象，不便于对其进行直译，因此这时可以考虑采用意译法进行翻译。

例：No smoke without fire.

译：无风不起浪。

从字面意义上说，该典故的意思是"没有风就很难起火"，但是在汉语中并没有与其完全等值的谚语，但是这句话与"无风不起浪"有着基本相同的意义，因此可以译成"无风不起浪"。

例：It was another one of those Catch-22 situations.

译：这是一个左右两难的局面。

该典故出自美国小说《第 22 条军规》(Catch-22)。军规中有明确规定，如果飞行员觉得自己神经不正常可以选择不执行飞行的任务，但是需要提前申请并得到明确的批准才可以。很明显，这项规则是矛盾的。因此，这一词语用来喻指左右两难的境地。将其意译成"这是一个左右两难的局面"更为贴切。

例：One swallow does not make a summer.

译：一燕不成夏。

这句英语谚语的直译是：只发现一只燕子不能说明夏天的来临。在汉语中并没有与此完全等值的谚语，但有与其相似的谚语，如"一花不是春"或"独树不成林"等。因此，可以采用意法将其译成"一燕不成夏"。

3. 直译加注法

有些英语典故如果生硬地进行直译，会让读者很难理解，如果采用意译法翻译，就会丧失源语的形象和风格。这时直译加注法就是最好的选择，既能够保留源语的特色，也可以将读者想了解的潜在的意义传达出来。

例：A good dog deserves a good hone.

译：好狗应得好骨头。（注：有功者受奖）

例：There is no rose without a thorn.

译：没有不带刺的玫瑰。（注：世上没有十全的幸福；有乐必有苦）

4. 套译法

虽然英汉语言与文化有着差异性，但是人类对世界的认知还是存在着相似的地方，这就使得英汉语言中存在着一些形象、意义相同的典故。翻译这类典故，套译法是比较恰当的处理方法。

例：to spend money like water 花钱如流水（挥金如土）；at sixes and sevens 乱七八糟；to be out at elbows 捉襟见肘；walls have ears 隔墙有耳；among the blind the one-eyed man is king 山中无老虎，猴子称霸王；like father, like son 有其父必有其子。

需要指出的是，典故不能随便套译。译者在翻译之前必须弄清典故的文化内涵、褒贬色彩，忽略这些而望文生义地直接套译往往会导致误译。

5. 对联增字法

汉语中经常可以发现以对联形式构成的谚语，对联的上联描绘形象，下联陈述意义，如"棋逢对手，将遇良才""路遥知马力，日久见人心"等。在翻译某些英语谚语时，如果无法用少量汉字将其含义准确完整地表达出来，就可以采用对联加字的手段处理，将会收到较好的效果。例如，"Great men are not always wise."直译是"伟人也不总是聪明的"，实际上它的含义是"再聪明的人也有糊涂的时候"。可以采用对联增字法进行翻译，译为"人有失手日，马有失蹄时"或"老虎也会打盹，好马也会失蹄"或"智者千虑，必有一失"。

（二）汉语典故的英译

对于汉语典故的翻译，通常采用以下 4 种方法。

1. 直译法

直译是汉语典故的一种常见方法，即保留汉语典故的原文形象，直接按照字面意义进行翻译。

例：不入虎穴，焉得虎子。

译：How can you catch tiger cubs without entering the tiger's lair?

从意义上来看，英语中"No pains, no gains."或"Nothing ventured, nothing gained."与出自《后汉书·班固传》的汉语典故"不入虎穴，焉得虎子"没有太多区别。但是，如果用这两句英语谚语翻译这句中国典故，则完全失去了原文的形象和民族特色。因此，翻译时可采用直译法，不仅使译句形象生动，而且易于译语读者的理解。

2. 意译法

汉语典故的英译涉及两种情况：改换形象意译和保留形象意译。

（1）改换形象意译

改换形象意译法是在翻译典故时，为了使译入语读者完全理解原文意思，采用不再保留原文中人物等的原有形象的方法进行意译。

例：这妯娌俩，可真是针尖对麦芒了。（周立波《暴风骤雨》第二部第九章）

译：These two women are like diamond cutting diamond.（许孟雄）

（2）舍弃形象意译

舍弃形象意译法是完全舍弃原文中的人物等形象，纯粹采用意译法进行翻译的方法。

例：后又附助着薛蟠图些银钱酒肉，一任薛蟠横行霸道，他不但不去管约，反"助纣为虐"讨好儿。（曹雪芹《红楼梦》第九回）

译：In return for money, drinks, he had lately given Xue Pan a free hand in his nefarious activities—had, indeed, not only refrained from interfering with him, but even "aided the tyrant in his tyranny."（霍克斯）

"助纣为虐"中的纣是一个暴君，后来这个词被用于泛指暴君和恶人，"助纣为虐"常指"帮助坏人做坏事"。采用意译法能准确地译出原成语的意义，形式也像成语。

3. 直译加注法

在对有些汉语典故进行翻译时，除了要保留原文形象的基础上，还需要对一些形象加以解释说明，从而使读者更好地理解和把握原文含意。

例：……越发添了"宋太祖灭南唐"之意……（曹雪芹《红楼梦》第七十九回）

译：...had filled her with the same resolve as the First Emperor of Song when he decided to wipe out the Prince of Southern Tang.（杨宪益、戴乃迭）

如果对"宋太祖灭南唐"直译，很多读者都难以理解，因此可以加上注释：the First Emperor of Song：Zhao Kuangyin（927—976），Southern Tang（937—975），使读者了解南唐所处的历史时期。

4. 套译法

如果汉语中的典故可以在英语找到与之形象与意义相同的典故，翻译时可以采用套译法。

例：只要大胆地破釜沉舟地跟他们拼，还许有翻身的那一天！（曹禺《红日》）

译：All you can do is to burn your boats and fight them in hope that one day you'll come out on top.

再如，笑掉大牙 to laugh off one's head；猫哭耗子 to shed crocodile tears；画蛇添足 paint the lily；过河拆桥 kick down the ladder。

参 考 文 献

[1] 吴冰. 跨文化的翻译研究 [M]. 合肥：中国科学技术大学出版社，2021.

[2] 赵红卫. 大学英语教学模式与跨文化翻译研究 [M]. 延吉：延边大学出版社，2022.

[3] 王端. 跨文化翻译的文化外交功能探索 [M]. 北京：中国广播影视出版社，2019.

[4] 张全. 全球化语境下的跨文化翻译研究 [M]. 昆明：云南大学出版社，2010.

[5] 刘庚玉. 英汉翻译的跨文化传播视角研究 [M]. 太原：山西经济出版社，2021.

[6] 杨莉. 跨文化交际翻译教程 [M]. 北京：中国纺织出版社，2019.

[7] 王爱军. 文化与翻译 鉴赏与实践 [M]. 武汉：武汉理工大学出版社，2021.

[8] 罗勇，白震，周杰. 语言、文化与翻译 [M]. 贵阳：贵州大学出版社，2021.

[9] 杨仕章. 文化翻译学 [M]. 北京：商务印书馆，2019.

[10] 刘宓庆. 文化翻译论纲 [M]. 北京：中译出版社，2019.

[11] 周娜. 跨文化视域下英汉文化负载词中概念隐喻翻译现象分析 [J]. 今古文创，2021（42）：125–126.

[12] 梁强. 文化图式理论融入英汉文化翻译中的可行性研究 [J]. 内蒙古财经大学学报，2020，18（4）：65–67.

[13] 马骏. 衔接理论视角下高校英汉文化翻译课堂教学的重构探究 [J]. 内蒙古财经大学学报，2019，17（3）：111–113.

[14] 陈诚. 英汉文化差异对翻译的影响 [J]. 湖北开放职业学院学报，2018，31（24）：145–146.

[15] 李洋. 英汉文化差异下的翻译障碍及其初步解决方法 [J]. 新课程（教育学术），2011（8）：15–16.

[16] 彭艳华，王玉静．英汉文化心理与翻译探析 [J]．和田师范专科学校学报，2010，29（2）：152–153．

[17] 张丽华．英汉文化翻译的表现：文化误译现象——语言的问题，还是文化的问题？ [J]．文教资料，2009（2）：59–60．

[18] 林小红．奈达“效果对等”理论在英汉文化翻译中的应用 [J]．科技信息（科学教研），2008（11）：250，252．

[19] 苏小河，蒋满英，李清娇．英汉习语的文化差异及翻译等值探究 [J]．疯狂英语（教师版），2007（9）：58–59，78．

[20] 黄海婷，刘恒．从文化因素看英汉习语翻译 [J]．文教资料，2007（02）：197–198．

[21] 赵兰信．从苏珊·巴斯奈特的文化翻译理论看英汉基本颜色词的翻译 [D]．长沙：湖南师范大学，2010．

[22] 胡庆平．从文化翻译观角度谈英汉影视翻译研究 [D]．合肥：合肥工业大学，2010．

[23] 朱菲菲．文化图式与英汉翻译初探 [D]．长春：东北师范大学，2007．

[24] 曲悃．文化翻译纬度的影视文化内涵台词之英汉翻译研究 [D]．济南：山东师范大学，2007．

[25] 张宏．英汉文化意象的对比与翻译 [D]．上海：上海海事大学，2005．

[26] 刘慧敏．英汉文学翻译中的文化传真 [D]．郑州：郑州大学，2003．

[27] 杨宇宁．功能对等论在英汉跨文化翻译中的应用 [D]．大连：大连海事大学，2003．

[28] 张春悦．从英汉语言文化差异看政论英语的翻译 [D]．哈尔滨：黑龙江大学，2002．

[29] 黄盛华．从文化角度论英汉典故翻译中语用隐含的传达 [D]．上海：华中师范大学，2002．

[30] 袁凌燕．英汉文化负载词（组）：意义差异分析及其翻译研究 [D]．广州：暨南大学，2001．